胎児のときから歩む一生

益田晴代

幻冬舎ルネッサンス新書
166

はじめに

私たちは毎日を家庭、学校、職場で人々と関わりながら一日を送ります。朝の目覚めから就寝までの時間で大勢の人との出会いを重ねます。人間の生涯は「自己と他者」との交わりが全ての基といわれるのはその故でしょう。

人という字の説明を次のようにしています。「共に支え合う」一方がくずれたらもう一人も倒れてしまう。人間はひとりでは生きられない。

そのことをふまえ、私たち人間が生涯の段階として必ず通るところを八期に分け、「最愛の人たち」との、その場所のその時に関わる大切な要点を捉えてみました。

胎児期、乳幼児期、児童期、思春期、青年期、壮年期、高齢期、終末期においてです。

この道を助け合い、支え合い、共に手を繋いで向かったとき、険しい山河は平野となるでしょう。

進む未来の未知の「処」が「こんな処」と予知をして認識のうえ、多様性の中から自身の価値観を基に選択し、充実した日々を送られることを願ってこの本を書きました。なお、本書は特定非営利活動法人親学会の教科書として認定されています。皆さまにご参考になれば幸いです。

益田晴代

胎児のときから歩む一生

目次

第一章　胎児期

ママのお腹にいるころ

三十数年前のある日の明け方に不思議な夢をみた。

どこの国であろうか、日本ではない石で作られたように見えたその部屋は飾りひとつなく、大理石でできているようにも見えるが、そうでもない。部屋の色は古びた乳褐色に見える。壁に沿って刻まれた長いイスに座っている若い二人の女性がいた。二人とも同じ色のブルーのドレスを着ている。よく見ると同じように大きなお腹を抱えて座っていた。その二人の女性は代わる代わる不思議な動作をしていた。

お互いのお腹に耳を当てて、赤ちゃんの心音を聴いている。手前の女性が先に隣の女性のお腹に手の平を丸めて、赤ちゃんの動作を感じ取っている。「今動いているわよ」「今じっとしているわよ」と伝えている。すると隣の女性は嬉しそうに目を輝かせ、その話を聞いている。その喜びに溢れた笑顔はとても素敵だった。今度は隣の女性が同じ動作を始めた。手前の女性のお腹に耳を当てて、じっと赤ちゃんの心音と胎動を聴いていたと思うと、顔を上げて手前の女性に赤ちゃんの様子を伝えている。その話を聞いている女性は何度も何度も嬉しそうに頷きながら聞いていた。

とても幸福な場面であった。それをずっと見ている私の心は未だかつてない喜びの思いに包まれて仕合わせに満ちていた。そして夢の中でも強く感じたことは、新しい命とは、こんなに人を幸福にする力を持っているのだと。

そこで夢は終わったのだが、目覚めた後もあまりにも素晴らしかった夢の光景が全身を包んでいて、その思いの中にうっとりと酔っていた。朝食の仕度を進めながら、テーブルに座っている長女に思わず話した。

「ママ、今朝不思議な夢を見たのよ。ブルーの服を同じように着たお腹の大きな二人の女性が、石の部屋の石のイスに座って、代わる代わるお互いのお腹の中の赤ちゃんの様子を耳を当てながら伝え合っているの。その二人の喜びの様子がとても幸福に満ちていて、二人の思いがママにも伝わってきて、ママも涙が出るほど仕合わせを感じて今もボーッとしているの。どうしてこんな夢を見たのか、分からないのよ」

だまって話を聞き終わった長女の言葉に私は飛び上がるほど驚いた。

「ママ。その二人の女性はマリアとエリザベツよ」

「エーッ」

「イエス様のお母様のマリアとヨハネのお母様のエリザベツは、同じ頃それぞれ赤ちゃんを産んだといわれているから」

私は初めて知ったのだったが、ミッションスクールに通学中の長女は、二人の女性の出産の時期を学んでいたと思われる。「どうして私がマリア様の夢を見させて頂いたの。とても畏れおおくて考えられない」思いがけない長女の答えにその日から、あの幸福な思いと生まれくる命の光と輝きを、どう表現することができるのか。私は術を知らないまま現在に至っている。

この夢を通して、私の中にある思いが起きるようになってきた。

「女性が命を宿して命を育てる」。生命という存在が現れ、太古から現在まで伝え続けられているこのことを、私は考えてみたい。それは全ての命あるものの不変の法則である。このことについて私は何も知らない。今まで考えてもみなかったことを思い知ったのであった。

大自然の織り成す命の誕生の仕組みとは、どのようなものか。知識を持ち合わせない私には知る由もないのだが、ひとつの原則だけははっきりしている。それは、二つが一つになること。それもすべてが互いに持ち合わせないものが、ひとつになることである。「雄と雌」という異なる性の一体化によって、命の誕生が約束され、雌の胎内の育みによって、命は成長していき、この世に誕生を果たすことになる。

おおかたの生物のだいたいは同じ道のりをたどることによって果たされるという事実く

らいは分かっているつもりなのだが、近代においては、科学の発展により、人間はその成長期にさまざまな感受期をもっていると、ニュースや講演会などで多く聞くようになった。たとえば、人間性のより良い成長を目指して子どもと関わることの要素に、胎児期に目を向ける子育てが重要という産婦人科医による話。胎児期においての神経回路の成長過程は妊娠初期から発達が始まり、全盛期の感受期は誕生の三カ月までであるという。この期間の胎児のシナプスとニューロンの発達がそれを示しているという。

人間の生涯に成長する神経回路の発達の最高期であり、この期間を過ぎると開かれていたその部位が徐々に扇を閉ざすという。

そのことは、小鳥の雄の赤ちゃんの例をもって表現されている。小鳥の場合、生後一時間以内に歌うことを教えなくてはいけない。小鳥の雄の場合、成長して唄を歌って雌鳥を誘う習性を持つという。雄鳥が雌鳥に唄で愛を伝える決まりごとに、雄鳥が唄を歌えない場合、致命的と言えよう。それが小鳥の感受期は、誕生後の一時間だけという。しかも父親鳥が教える決まりという。この時間内に父親鳥からこの決まりごとを授けられなかった雄の赤ちゃんは、唄を歌えないため雌鳥に出会えないという。この小鳥の感受期の仕組みに示されるように、生物には決められた感受期があって、その期間内にそれぞれの部位の器官の感受期を持つのだと考えられるのである。だとしたら、この問題は子育て中の親にとって、このことを学び、我が子の成長に関わることが重要であると考える。

ソニーの創立者、井深大氏はこのような仕組みを科学者の目で捉えて、たくさんの著書を発表された。特に目に見えない生命誕生からの仕組みを科学的に捉えたのであった。

当時参加した女性の分科会のビデオで見たお胎《なか》の中の赤ちゃんの成長の記録の映像は大きく私の人生観を変えた、と言っても過言ではない。

「お胎の中の赤ちゃんはすでに意志をもつ」

世界の偉人たちの生誕の伝記はそのことを裏付けたのだった。

前述のキリストの生誕こそその裏付けの物語であり、仏教の祖、ブッダにおいても然りであった。

ブッダは二千五百年ほど前に現在のネパール国のルンビニーの釈迦族の王子として生まれた。父は浄飯王、母は摩耶夫人である。摩耶夫人は隣国コーリヤ族の王女という。現存する地域、ルンビニーより五十キロほど南にあるデブダハ（当時コーリヤ族の王国）には、沢山の摩耶夫人についての遺跡が残されている。

私は摩耶夫人についての手がかりを探し求めて長い時間インド、ネパールを訪ねる旅を繰り返したある時、釈迦族の末裔であるシャキヤ氏に出会って沢山の摩耶夫人に関する情報をファックスや電話等で伝えられる幸運を受けた。その中の大きな情報が「ダフネ山」だった。

「二千五百年前に結婚前の摩耶夫人が九カ月間の瞑想をした場所が見つかりました」

この知らせを受けた時の驚きは筆舌に表し難い。十数年も摩耶夫人の手がかりを探してインドとネパールを歩いたが、何も得られず、いつも同じ言葉が返ってきた。「二千五百年前の人だものね」。自分の思い立ちの甘さを思い知るのだったが、何故か諦められず、帰国してしばらくすると、むくむくと思いが起き始めて、気がつくと出発の準備にかかっていた。

何故そこまで私を夢中にさせたのかと、今改めて思い返したとき、私の心の底にブッダへの憧憬から始まったことに気づく。

「八万四千」の経典を残したと伝えられる仏伝の話。全ての経典が人類救済への願いからという。基礎にバラモンの教えがあると伝えられるが、瞑想が主体という膨大な数の経典。人知だけで成立したとはとても考えられない。

このような偉大な人を産み育て関わった母が存在したことになる。

その人を知りたい。ブッダその人は現存した人だという。あるときから強く深くそのことを考えるようになった。その思いに取り憑かれ、気がつくとブッダの母摩耶夫人のことを考えるようになっていた。

そして、インドからネパールを十数年の月日を毎年一回家族の応援を得て、摩耶夫人の足跡を求めて私の旅は続けられていたのだったが、何の情報を得られないまま、時が過ぎていった。

しかし、前述のシャキヤ氏が、九カ月の瞑想の完了と当時のままの瞑想石や、休む台座や摩耶夫人の髪の化石等々の遺跡群の現存を伝えてくれた。

シャキヤ氏のその知らせの電話を受けたあの瞬間の感激と興奮は今も鮮明である。十数年も探し求めた摩耶夫人の足跡を今にそのまま伝える場所が実在していたとは。

「えーっ、本当」

私は絶句した。電話を置いた後も茫然と心は宙に浮いたまま、その心を取り戻すのに時間がかかった。

何度か探すことを諦めたのだったが、どうしても諦められず、収まらない自分の心をもてあましたのだったが、突然の夢のような話に我が耳を疑い、冷静さを失った。

「やはり摩耶夫人は居たのだ」と、雲をつかむようだったのが現実になった。心の底から喜びが込みあげてくる。本当に嬉しかった。

ダフネ山訪問までの日々の幸福感は未だ味わったことのない喜びの日々の連続であった。

「誰に伝えよう、この喜びを」

そんな思いだった。

翌年シャキヤ氏の案内でダフネ山を訪れた。そこは深い森の中であった。

摩耶夫人が毎日祈りを捧げた瞑想石。とても大きな石だったようで、現在は三つに割れている。その近くに瞑想の時以外はそこで休まれていたと伝えられる六畳ほどの大きな石がある。その石には素晴らしい香りを放つ小さな草が石いっぱいに苔のように密集して生えていた。案内の庵主様が摑み採って私の鼻に近づけてくれた。とても良い香りがしていた。その草を摘んでお線香にしているそうである。

森の奥を少し進んだ所にとても不思議な形をした三角の石があった。大人の背丈の二倍くらいあるかと思われる石だった。

それが摩耶夫人の切り捨てられた髪の毛の化石だと説明された。

「何故そこに摩耶夫人の髪の毛が？」

その問いに庵主様は次のような話をされた。

コーリヤ国の王女摩耶夫人はとても美しい方だった。成長と共にその美しさは輝きを増して他国にまで王女の噂は広がっていき、各国の王子たちが争って求婚をしてきたのだった。しかし、王女には全然結婚の意思がなかった。そのうちに求婚者同士の争いが始まってしまった。王女はその様子を見て、自身のためにこのような争いが起きたことを大変に悲しんだという。自分さえ身を隠せば事態は収まると考えて、ある夜たったひとり宮殿を抜け出してダフネ山に向かった。

宮殿の中は大騒ぎになった。家臣たちは血眼になって王女を探し回ったが見つけられなかった。当然ダフネ山も数回探したが、森深く身を隠した王女の姿に誰も気づくことができなかったという。

森に入った王女は真っ先に美しい黒髪を切り落として、男のような姿になって日々を過ごした。森の中には沢山の野生の木の実や果物がなっている（現在も豊富に実をつけていた）。それらを食べて命を保ったと伝えられている。

そして瞑想に入ったのだったが、九カ月の満願を迎えたとき、天からの啓示を受けた。

「宮殿に戻り結婚して、世のため人のためになる子どもを産みなさい」

王女は素直にその啓示に従ってダフネ山より宮殿に戻ったのだった。沢山の求婚者の中で当時一番の大国の王族は釈迦族だったので、釈迦族の浄飯王子と結婚することになった。他の求婚者たちが一番納得できる選択だったといわれているが、結婚成立の背景に、釈迦族もコーリヤ族も同じように七代に遡って人を殺していない家系だったことが決め手だったと伝えている。

二千五百年前、紀元前五〇〇年ごろの地球では多分あちらの国こちらの国の中で部族間の争いが起きていて、その争いは繰り返されていたであろうと想像する。古代のネパール国でひとりも人を殺さなかったことが縁組の条件と知って驚く。

殺戮の争いがあった時代に両家の家系は人を殺さなかったことは、何よりも大切なものが人々の命だと考えたのではなかったか。

そのことを裏付けさせたのは、ネパールの首都カトマンズにおける釈迦教団（仏教学校）現校長氏の次の言葉である。

「釈迦族とコーリヤ族の七代にわたった先祖の命を一番に大切にする遺伝子が、ブッダに受け継がれて素晴らしい人間性を具えた人がこの世に生まれたのです」

確かなことと納得したのだった。ダフネ山で九カ月の瞑想を実行する精神力はどこからくるのかと考えていただけに遺伝の話は分かりやすかった。

結婚後子どもはすぐに授からなかったという。現存するカピラ城ネパール国ルンビニーカピラバスト地区の遺跡の宮殿の中にお堂があって、今も人々の参拝が絶えない。そのお堂の四方の柱は太く大きな菩提樹の幹でできていた。二千五百年前に夫妻で毎日子授けのお参りをしたのだという。沢山の白象の人形が供えられていたので堂守に白象のことを尋ねたところ、子どもを授かった人々のお礼の白象という。その少し斜め奥に草に覆われた小さな池がある。摩耶夫人が参拝の前に沐浴をした池だそうだ。ブッダも摩耶夫人もお祈りの前に必ず沐浴をしたと伝えている。ダフネ山の見学のときも思ったことだったのだが、仏教は瞑想によって確立したと伝えられているが、そのルーツは母摩耶夫人の遺伝だったのだと、カピラ城跡の子授けのお堂を知ってますます深く思った。

前述のように摩耶夫人も、聖母マリアも受胎のことを神秘な形をもって知ることになったのである。

聖母マリアは神の使いのエンゼルによって知らされた。

摩耶夫人は白象の夢の後、妊娠する。

聖母マリアの場合、神の使者であるエンゼルから直接受胎を告げられ、その後妊娠の事実を自身の身体の変化によって知ることになる。摩耶夫人の場合は、ある夜の夢の中で白象が天から摩耶夫人をめがけて降りてくる（注・白象は神）。そして摩耶夫人のお腹の中に入った。目覚めて不思議な夢をみたと思い、夫の浄飯王にそのことを告げたと史実は伝えている。

その後に妊娠に気づき、夢の中のあの美しい白象が我が子になって、自身のお胎の中にいると日増しに深く思うようになり、深い祈りの日々を過ごしたという。

聖母マリアも摩耶夫人も我が子が神であるとの敬虔な祈りの妊娠十カ月の胎児期を過ごしたと考える。同じような母たちの祈りの胎児期を経て、イエス・キリストの誕生があり、ブッダの誕生があったのだった。

そのことは、どう受け止めることなのかとある時から気になった。

もし神が我が子になって私のお胎の中に宿り、十カ月の妊娠期を過ごすことになったとしたらどうなのかと。それはお胎の中の我が子にとって、とても重大なことだと知った。

聖母マリアのように、また摩耶夫人のように、お胎の中の我が子の成長を深く祈り、毎日の自分の精神状態を清らかに保つように、努力を心がけるのではないかと思った。

我が子への妊娠十カ月間の向き合い方を改めて思い返したとき、自分本位な妊娠十カ月間を思い出したのであったが、四番目の娘の妊娠期間は私にとって満足することができた。上に三人女の子を出産したが、姑から家を守る男の子が欲しいと聞かされていた。姑は熱心な仏教信者であったため、いつも仏教を家族に伝えてくれていた。観音様が大好きで、まつわる話をしてくれた。その中に法華経に説かれている観音経の話をよく話してくれた。「願いの全てを聞き届けてくれる」という姑のその言葉を強く深く、「本当だろうか」との否定と共に信じている自分があった。

四回目の妊娠に気づいた。今度こそ男の子を産みたいと願った。

「お姑さん。本当に観音経を読むと願いが叶うのですか。実は……」と、妊娠したことを告げ、今度こそ男の子を産みたいことを伝えた。すると姑は「そう、良かったね。毎日欠かさず観音経を読みなさい。願いを聞いてくださるよ」

そこで私の四回目の妊娠期間の十カ月は観音経を毎日一回読む日課となった。体調の悪い時は何回か「パス」と思ったが、お胎の中の子どもの思いで続けられた。強力な後押しは『0歳からの教育』の提唱者である井深大氏であった。

前述のビデオで胎児の様子を目の当たりにしたときのあの衝撃。

生命が母の胎内に着床し十カ月の胎内での生長の発達段階の記録である。

精子と卵子の結合を経て生命が発達していく情況はまさしく驚き以外の何ものでもなかった。

妊娠中の十カ月の間、赤ちゃんが胎内で成長し刻一刻と形を変える様子を我が眼で見たとき、私の産んだ私の子もこのような状態を経て誕生したのだと思えたとき、身が引き締まり、神秘と厳粛な思いに駆られた。

「ママ」と愛らしい声を出して私にまとわりつく私の子どもたち。この子たちはこのような姿をして、私のお胎の中で生長していたのだった。

命の始まりは父と母であるのだが、妊娠の十カ月の受け持ちは母以外に存在しない仕組みをビデオの中で動き回る赤ちゃんの様子を見て考えさせられたのだった。

そして成長を進める胎児の段階で確実に意志を持つことをビデオを通して知った。

その内容は父と母との会話を通して反応を示す胎児の姿を捉えたものだった。

父「子どもはまだ早いよ。まだいらない」

母「そんなこと言わないで産ませてください」

父の声のとき、子は激しく動き回る。

母の声のときはじっと声を聞いて動かない。両親の会話のそのたびに胎児はこのような動き方をした。

井深氏はこのように胎児の映像を捉えて、胎児のときからすでに心があり、意志をもっていることの実証を示したのだった。

姑の支えと井深氏の後押しで、四女の胎児期十カ月の毎日にお胎の中への語りかけと観音経を読むことができたのだった。

無事生まれた子は女の子であった。

「女の子ですよ」と言われて咄嗟に「男の子ではなかったのか」と頭の中をよぎったものの、無事に出産できた安堵感の喜びがそんな思いを吹き飛ばした。

その後、あるとき姑は観音経の一節を引用して次のように語ってくれた。

「若し女人あって、たとい男を求めんと欲し観音菩薩を礼拝し供養せば、すなわち福徳智慧の男を生まん。たとい女を求めんと欲せば便ち端正有相の女の宿徳本を植えて愛敬せらるるを生まん。無量意観世音菩薩は是の如き力あり」

あなたが願ったような男の子ではなかったけど、この観音経に示されているように、きっと可愛く女性としての良い所を備えた人に成長するはずよ。あなたのお胎の子への深い祈りの十カ月は無駄ではなかったと、必ず確信することになるはずよ」

数年経って、ドキュメンタリー番組「NHK特集『赤ちゃん～胎内からの出発』」を見たとき、姑のその言葉を思い出し、胎児から関わる繋がりは生まれ来る我が子へ母の贈り物だったと気づいた。

胎児期の関わり

一　我が子のいのちの出発から誕生の十カ月が順調であるように、祈りとともに愛の言葉を伝える。

一　可愛い我が子よ、はじめまして。パパだヨ。ママだヨ。愛しているよ。

一　生まれてくる日をみんなが待っているよ。

一　今日も元気でありがとう。がんばろうネ。ママもがんばるよ。

「お腹に手を当てて繰り返し呼びかける。両親からの愛のメッセージに愛された喜びの働きがシナプスとニューロンの発達を促し、誕生後の人格形成の基礎をつくる」

第二章　乳幼児期

母子の絆が育まれるころ

輝かしいこの世での誕生を迎えた新生児の成長の日々が始まる。

動物の中で自立するまでの保護の関わりの最長時間を有するのが人間の赤ちゃんであるという。

生命維持の授乳、産湯、オムツの取替え。新生児の場合、最初から濃度の薄い飲み物を与えられないこともあって、少量の砂糖湯の湯冷ましを喉の渇きを見計らい与えてあげたり、妊娠中の毎日の緊張した思い「母子共に無事に出産を迎えたい」から解かれ、やっとほっとしたところで始まる小さく壊れそうな我が子との喜びと不安の「新生児育児」である。世の母となった人たちが体感したであろう「我が子をどう扱ったらよいか」と途方にくれる思いの連続である。

お乳を少量もどしても、不安になり保健所に電話をする。便の色が悪いといっては電話をする。週一回赤ちゃんの体重を計って成長の状態を観察して、アドバイスをくださる保健師さんが来るのをどんなに待っていたことか。よく姑が言ってくれた言葉「生まれたら忙しくなるわよ。自分の生活は一切考えられないのよ」

母になるって、そんなに忙しいの……。心の中で思ったのだが、姑の言うとおり、母の私の生活の全てを、小さな、小さな我が子のために捧げる日々である。ふり回される日々とも言えよう。言葉が通じないため、何を言っているのかまったく分からない。只々火の付いたように泣いている。お乳をふくませても吸いつかない。汗だくになって、泣き止まない我が子を抱いて部屋中を歩き回るしかなかった。

夜も同じである。新生児の場合、夜と昼の区別がつかないのかもしれないが、家族が就寝した真夜中にも同じ状態が始まる。泣き止まない。オムツを取り替え、授乳から同じ繰り返しの新生児育児の関わりを出産ごとに関わったのだが、四女の場合、姉たちの新生児の育児とまったく違い、泣き出したら止まらないということはなかったと気づく。まったく手のかからない新生児だったと記憶する。

最近になって、やっと分かったことなのだが、妊娠期に母との絆づくりが臍の緒を通してしっかりと結ばれている赤ちゃんはあまり泣かないという。赤ちゃんが泣き止まないのは不安だからであり、愛された記憶は不安を起こさないからという。安心と不安の一番の鍵は母と共に生長した生命発達の妊娠十カ月の胎内記憶であると言われる。

胎内で過ごした母との絆の記憶は母の心臓の音であるとのこと。前述の井深氏は、生後間もない小犬を例にして次のように伝えている。

時計の秒を刻む音は心臓の音と同じなので、必ず生まれた小犬のそばに時計を置くことによって、小犬は安心して眠っている。時計の音がお胎の中で聞いていた母犬の心臓の音と似ているので、今も母親と共にいると思うのだという。

小犬のこの例を通しても分かるように、全ての生命は母胎の中で誕生までの育みを受けて母胎より外に現われる仕組みと言えよう。

その母胎の中で過ごした十カ月の記憶は、誕生後の子どもたちの中にどのように残され、また、どのように影響を受けて、それぞれの違う形で表われているか。そのひとつが、泣かない赤ちゃんのことかと、四人の子育てを経てみて改めて考えたのだった。

確かに四女は前の姉たち三人の同時期の育て方と異なる育ち方が多く見られた。

花が大好きで、気がつくと水をあげていた。廊下に置いてある戴き物の枯れた鉢植えの花が咲いて驚くことが度々あった。聞いてみると四女がいつも水をあげていたことが分かった。誕生祝いに祖父から贈られた小犬の「ジロー」を大切に育てて可愛がり、高齢になった「ジロー」を最後まで手厚く介護して泣きながら見送った。文鳥との関わりは他の拙著に何回か書きとめたので今回は見送らせて頂くが、「ガン」になった文鳥を蘇らせて、子孫を三十羽以上育てたり、幼児期から優しい心遣いを常に持っていた。

姉たちも一緒に関わって遊ぶのだが、幼児の常として、姉たちは興味が消えるとそれほど深く最後までそのことに責任を持つことはなかったので、後の始末は親がするのが当たり前と受け止めていたが、四女の関わりは、どのことにも最後まで通したのだった。それは責任とか義務ではない、「そのもの」への慈しみの心が根底にあるからではないのかと、気づかされたのだった。

四女の出産の折に大変驚いたことがある。分娩室のベッドの上で長い陣痛の苦しみから解放されて、無事出産を終えて最高の幸福な瞬間の母子初対面を迎えた時、四女の肌の色がピンク色だったことである。前の三人の姉たちとも同じように感激の初対面を迎えた時はどの子も赤褐色の肌であったのに、「この子はどうしてピンク色の肌なの」と、喜びの思いの中で思ったのであった。

四女のピンク色の肌のことは「どうして」「もしかしたら胎児期の関わりかも」「確かめたい」と思いを強く持つようになっていったのだった。

四女は自分の好みがいつもはっきりしていて、絵を描くことが大好きで、可愛がっている文鳥のピピーとか、犬のジローとか（本人の名付け）の様子を折さえあれば、写生をして楽しんでいた。後年美術系の大学を選び、絵本作家の道に進んだのだが、現在は二人の子どもの子育てに全力投球の日を送っている。

長い間、脳裏をかすめていた「もしかしたら胎教かも」の問題にひとつの答えを教えてもらう機会に出会ったのだった。

十数年前に「日本赤ちゃん学会」が設立された。早速会員の申し込みをした。定期的な会合には必ず参加し、赤ちゃんに対して多くの学びを得ることができた。あるときの研究発表で、「新生児の神経回路の発達」のポスターの提示があった。そこに示されていたのは、細胞の図式や発達についてであった。専門的な知識のない私に分かるはずがないのだが、足が釘付けになってしまった。

「そうだ、この方に四女のことを聞いてみよう」と咄嗟に思い立ち、担当の先生に質問したのだった。

「実は、教えて頂きたいことがあります。娘のことですが」三人の上の姉たちと違う肌の色とか、生まれてからの様々な関わりの中に心が込められていることなども話し、もしかして三人にはできなかった十カ月の胎教のことではないかと、永いことずっと心にあったことを話した。

担当の先生は、最後まで私の話を聞いてくれて、次のように答えられた。

「データがないので、私の考えでお答えします。人の血流は、恐れや苦しむとき、悲しみや怒るときは、血管は細くなり血流が悪くなります。四女さんの場合、いつもママからの語りかけや、皮膚からのノックを受けて、とても安心した幸せな胎児期だったと考えられます。血流は喜びや幸せのときは血管が太くなるので、その関係でピンク色の肌になったと考えられます」

永い間抱いていた大きな疑問が解けた。やはり四女の肌の色は、妊娠のときの関わりだったと、心から納得した。

そのことから長野県の善光寺と京都の清水寺に参ったときの胎内めぐりを思い出した。

真っ暗な地下の胎内に入って行く。壁ぎわに綱が張られてあって、その綱をしっかりと持って前の人のうしろにつく。見知らぬ人に話しかけることはできず、だんだんと進むほどに前の人から離れているのではないのかと、不安になっていく。どこまで続くのか、早く明るい所に出て欲しいと思うようになるころ、ボーッと灯りが見えてくる。その灯りの真上に、本尊が安置されているという。灯りを目にしたときの安堵感は、たとえようもないほどホッとしたのだった。赤ちゃんは母の胎内に生命を授けられて日を追うごとに、誕生に向かって生長を進めるが、誕生までの十カ月の間、全てを委ねて頼るのは母だけである。母の刻一刻の動きに全てを任せて頼りきるわけである。母胎の羊水の中で過ごす日々の中で、唯一の喜びは、灯りを見たときでないかと。その灯りこそ、母と子の絆を感じたときであり、自分を愛してくれる母の心を感じるときではないかと、胎内めぐりを通して、母と子の臍の緒の繋がりによって考えられる赤ちゃんの成長へのひとつの証しを教えられた。

母と子のこのような繋がりの時間を経て、月満ちて、誕生の日を迎えることになる。妊娠の気づきをもって産婦人科を訪れたとき、どの子のときも同じ質問を受けて、出産の日が医師から告げられたことは、人間として胎内で育つ時間が決まっていることを教えられたのだった。そしてその決められた出産予定日に一週間と違わず子どもたちが誕生したことを考えたとき、人知を超えたことわりの世界を感じ神秘さに驚くのである。

ふわふわの生まれたての我が子を腕に抱いたあの初々しい感情、未知だった十カ月の存在が現実の姿、形に成って生まれてくれた、と、その子を産んだ母だけが味わう世界に。これこそ天の与えたご褒美にほかならないのではないかと、しみじみと我が子の顔をのぞく至福の時を過ごすのだったが、それからが大変。何も通じない、壊れ物のガラス細工のような存在、只々泣くだけの表現しかしない。

「どうしたの。どこが気に入らないの。何を言っているの」

この繰り返しの日々を過ごしたのだった。

振り返って思い起こしたとき、私はなぜあんなに出産後に恐怖に近い不安におびえていたのだろうと。それは、新しい命の誕生への喜びが、その命を失いたくないとの願望が、はげしく泣き止まぬ赤ん坊を抱いて、うろうろと部屋の中を歩き回らせたことに気づく。我が子を産んだすぐ後も今も、その我が子の命を守りたいという母の願いは変わっていない。

それほど自分の胎内に生命を育んだ十カ月の時間の母の子へのつながりは深いものであることに気づかされた。

現代の医療や臨床の中で、病気の原因追究に欠かせない要因に母子関係の初期関わりがあるという。

母子関係の良好さを表現するとしたら、この生命誕生の瞬間からの関わりを指すのではないかと。だとしたら、私たち女性はこの仕組みをもっと早くから認識することが必要ではないかと考える。

今までこのような仕組みの重要性を学校教育の中に折り込まれたことがあまりなかった

のではないかと思う。このような母子関係の重要性が問われるようになったのは、近年になって生命に関する科学的な問題分析が進んだことと、脳科学、遺伝学、細胞学、心理学、臨床現場の進歩から、具体的な原因の追究が深く細部まで行われるようになったことにほかならないこと、さらに大切な一点は、あらゆる分野において、女性たちの進出によると考える。育児、子育ては全て女性の問題と捉えられていた歴史的な背景を、女性の社会参加によって、男性の関知しなかった世界が表面に出されたからである。

未だに男性には関知できない。自身の胎内に生命が宿り、目に見えない小さな、小さな命から、十カ月の間に三〇〇〇グラムの完全なヒトの形になって誕生する仕組みは、男性にとって体感的な世界としてはあり得ないのではないかと。

古代より続くこの命の仕組みは、二十一世紀の現在において、一片の変化もなく伝え繰り返されているのである。

男性の場合、データや文章から、あるいは専門書からの知識を身に付けることはできても、我が身に受けて様々な感覚と意識を経て辿り着く女性とは大きく異なるのではないか。

妊娠初期に現われるつわりの現象。

食べ物を受け付けない。食べられないために、体力が弱ってしまう。しかし、お胎の中の我が子のために、なんとか食べないと栄養が足りない。そんな焦りの日々も迎えることになる。しかし、環境によって、そのことを理由に、身体を横たえることの不可能な女性たちがほとんどである。まして、それが第二子、第三子の出産の場合、上の子どもの世話や家庭の仕事も従来どおりの関わりで、妊娠期を過ごすことになる。当然のことながら、身体への負担は言葉には尽くせない。

「美しく光り輝く乙女がひとたび嫁げば、子どもを産むたびに花のかんばせの色艶は失せゆき、髪の毛は抜け落ちてゆく」

女性が結婚して、子どもを産むために変化していく様子を「父母恩重経」はこのように表現したという。

世の全ての母たちは新しい命をこの世に産み出すために、このように我が身を我が子に捧げるのであった。尊い命をこの世に送り出すことの厳粛な仕組みと言えよう。過去から未来へ、このことは女性のみに与えられた使命である。

現代の子どもたちに問題が多発して驚くようなニュースが毎日のようにテレビ、新聞等々に発表されるのを見聞して心を痛める。

なぜ、こんなことになったのかと。どの子の親も前述のように我が子への限りない愛と願いをもって育ててきた筈である。世界中の全ての親の願いはただひとつ。

「命を最後まで守り、幸福な一生を過ごして欲しい」

この一言に尽きる。

自分の4人の子供の子育ての中でいつも考えさせせられたことは、人を育てることの大切なことを学校教育でもっと具体的に学んでいたらと。

どのような人が素晴らしいのか、とか、そのような人を育てるのには、このような育て方をする、とか、あれこれ具体的な指標がなく、とても悩んだ。

そのことから、親学会を起こすことになった。

設立準備にあたっては、「子どもの心を育てる」ことについて、各界の有識者の考えをお聞きすることから出発した。この会は、二〇〇〇年二月十四日から出発した。参議院議員会館での初めての研究会を開くことができたのは、当時参議院議員だった阿南一成氏（現親学会顧問）の教育への熱い願いからであった。未来の日本の人材育成のために良い教育を子どもたちに授けることから「子どもにとって一番最初の教師は、その子の親である」「親とは何か」「親は子どもに何を授けるのか」を考え、学ぶことが大切と、文科省の先生方を講師に招いて、三年間の研究会が進められたのであった。

三年間の研究会で学んだ多くのことが基になって、親学会の基礎ができたのだった。

「心と体のバランス」

このことが人間を育てることの基であること。そのことを親自身が重要と考えることによって、我が子に伝えられること。この実践を進めれば、未来の日本の人材は素晴らしい豊かな人間性を備えた人に成長する……。多くのことを私は学んだのだった。

そして、二〇〇四年「親学会」が設立したのであった。

二〇〇〇年の文科省の研究会のスタートから毎月開催される親学会のメインテーマは「子どもの心を育てる」。これを進めて現在に至っている。

各界における有識者の講師のご厚情を頂いて今日の親学会があることに、深くこの紙上で感謝申し上げる。

先生方には、多忙なご活躍の中で講演をお願いするのだが、「未来の人たちのために行きますよ」と必ず講演を引き受けてくださったのだった。大勢の先生方のご協力を頂いて今日の親学会が成長できた。

二〇一三年十一月二十日より三日間にわたり、オーストリアの首都ウィーンにおいて、

第九回〝WCRP〟（世界宗教者平和会議）が九十カ国の参加により開催された。

世界からのそれぞれの宗教の代表者は、その国の民族服を身に纏い、朝早くから夜遅くまで開かれる全体会議や分科会を通して、世界平和という課題に向けて熱心に意見を交わしている。難民、紛争、貧困、テロ、和解の方法等、各国が抱える困難な問題の解決に向けて〝WCRP〟がどのように関わることができるのかが、今回のテーマ「他者と共に」「他者を歓迎する」に基づいて進められた。

その中で、各国の代表者、各宗教代表者の発表の核としてあったのが、次世代の地球を守る子どもたちをどのように育てていくかの課題であった。各国が抱く現状、先述の紛争、難民、貧困等。また先進国が抱える心の関わりが基になって増加する諸問題、人間不信、家庭内暴力、家庭崩壊、いじめ等の犯罪。その中で暮らさざるを得ない現代の子どもたちの育て方をどうしたらよいかとの問題であった。

現状のように、戦争や紛争、難民という命を保つことの困難な中で育ちゆく幼い子どもたちは、どのような思いを持つ人に成長してゆくのであろうか。

子どもとは周りを真似て育つとされているが、身近な大人たちの言葉や態度、そして自身の身に感じる様々な場面を通して受けた感覚を基に、自己の考えが形成されて成人となり、その一人ひとりが社会を構成する人となる。

未来の地球の担い手は現在の子どもたちであるとしたら、このような現代社会が抱える不安な形をそのまま引き継がせて良いのかということである。

子どもや孫にこの現状を残して行くことはあまりにも無責任ではないかということである。それについて各国は具体的な理念と行動を示すことが急務であると、第九回〝WCRP〟では結論づけられた。

世界では強者が権力を誇示し、君臨し続けてきた。その長い歴史をふまえたとき、強者はなぜ弱者に対してそのような考え方になるのかという仕組みを紐解くことが重要であろうと考えるのだが。

子どもは最も弱い存在の一人である。

人間も動物の一員である。ひとり立ちまでの成長の時間は、他の動物たちと比較できないほどの特異性をもっており、保護者の関わりの長い時間を必要として自立する。

この仕組みを全ての人が心得ることが必要であろう。そのうえで良き地球人としての次の世代の成長を考えたとき、どのような価値観を有する人に育てることが重要であるかが鮮明に見えてくるのではないか。

人を育てるにあたって最も大切なことは、長いスパンを考えながら大切に育て上げることの一言に尽きると思う。

保護者は力があり、子どもは力がない。親が育ててあげるのだ、だからアナタは生きられたのよ。かつては私も我が子にそんな思いを持つ親の一人であった。そんな考えを持って育てていく親の姿勢を、子どもは敏感に感じ取っており、事が起きたとき、親は怒りをもって　我が子に投げつける。

「今まで誰が育ててあげたのよ」

負けじと子どもは言い返す。

「産んでくれと頼んだおぼえはない」

親としての上から目線の言葉とこの強者の態度に、子どもは反発心が芽生えることになっていく。

強者の立場の中にある、弱者への見下しこそ最も関係を悪化させて、事態を拡大させて、取り返しのつかないところまで弱者を追いつめることにもなっていくのではないか。それは子どもと親の問題だけでなく、この世の中に存在する全ての人と人との間に横たわる、平和への道のりに立ちはだかる大きな障害と考える。

十カ月の願いと希望の末に得た我が子を、特に女性は命がけで育てる。

このことは古代から現在まで脈々と続けられてきた大きな尊い使命と言って過言ではない。その仕合せを我が手に頂いたはずなのに、親としての強者の立場の考えを我が子に押しつける。

「私がここまで育てたのだ」

と、相手との目線の差を誇示することで、せっかくの永年の努力が水泡に帰すかもしれない。

社会的な強者と弱者の仕組みも例外ではない。重要なことは、強者となって大きな能力を備えられた自身に何にも替えられない誇りを持ち、社会に貢献できる喜びを感謝することによってますますオーラーが輝き出すことを知って欲しい。困難な努力の積み重ねの見返りは誰のものでもない、自身だけが知っている永い道のりの賜物なので。


ここで改めて提言をさせていただきたい。子育ては単に我が家の我が子の問題ではないことを、世界中の人々が考え始めた現代社会。地球上の人類は同じであることの共通認識と科学文明の発達による映像やインターネットを通して分かったことを、これからの子育てにおいて、ぜひ取り入れて欲しい。その際に、どのような人を育てるのか、を考えることが重要であり、「生命の成長の決まり」を学ぶことが大切であると考える。

高度な水準に達した科学。宇宙で人類の長期滞在が可能になった現代の科学をもって、ぜひ開発を心がけて欲しい。その際には、「心と体のバランスを備えた豊かな人間性を育てる」ことへの決まりと仕組みが重要であることを。これを科学的に解明する専門分野が他の研究分野と共に進められることを願うと共に、解明されたその仕組みを学校教育に取り入れ、子育て前の青年たちに伝えることができたとき、地球の未来は安全と平和が約束される。

未来の地球を担う人を育てることへの提言として、このように述べさせて頂きたい。

「他の人を自分と同じように愛せる優しい心を育てることを目標とする」

（一）優しい心を育てるには、人間形成の生命誕生の初期から始めることが重要。母胎に着床した生命の核に愛をそそぎ、愛された喜びの体感が人間性の基になって自然な形で他の人を愛することができる。

（二）世界の歴史に残る宗教の伝記は、胎児期から子育ては始められることを伝えている。

・聖母マリアの神よりの使者、エンゼルからの受胎告知。
・ブッダの母、摩耶夫人の神である白象が宇宙より身体に入る夢による受胎告知。
・イスラーム世界の古代からの伝記によると、生命は聖なる母胎で命を授けられ、この世に誕生する。死後は胎児に戻り、再び聖なる母胎に帰る。

これらの仕組みを有識者によって多角的に研鑽された上で分かり易く、これからの子育てに向かう青年に伝えられることを切に願ってこの章を終える。

乳幼児期の関わり

一　心と体のバランスを育てる。身体への関わりと同じように心の成長への関わりを考える。

一　抱っこして肌と肌のコミュニケーション。「私がアナタのママよ」愛の眼差し、優しい語りかけを。

一　乳幼児期の脳の仕組みはコンピューターのように目から吸収する。親の全てをまねて育つ。

一　愛された記憶、喜びの体感が自己肯定感の意志を育てていく。

一　パターン教育（良いことを繰り返す）。

一　子どもの好きな絵本の繰り返しの読み聞かせを。

一　二歳児への関わりが思春期に花開くといわれる。全てを吸収する素晴らしい感受期に、どんな質問もその場で答えてあげる努力を。

一　親の心と体のバランスの心がけを。

第三章　児童期

自我意識が強くなるころ

二〇〇〇年、ミレニアム正月元旦の読売新聞の見出しに「二十一世紀の若者への提言」と題し、ドイツ・クロンベルグにおいて世界六大学学長の座談会が開催されたことの記事が目に入った。読み進むなかで思わずその箇所に釘付けになった。

英国オックスフォード大学学長のトーマス氏の発言である。「世界に数え切れない数の大学が有るけれど、親になるための学科はない」。常々に考えていた問題点を活字の中に見出し、心から共感し我が意を得た思いをした。

一九七八年スタートの「新宿明るい社会づくりの会」の仲間たちと月一回集まり、子育ての研究会を開いていた。仲間のほとんどが教育に関わっている。現役教員や定年後の教員という顔ぶれの中に、私は母親として参加していた。

毎月の話題の中心は、子どもの非行、登校拒否、引きこもり、暴力、いじめ等々、毎日のように、ニュースとして伝えられる子どもの問題についてであった。

どうして子どもたちにこんな問題が起きたのか。

どうしたら解決できるのか。

ある日の中心的な話は中学生のシンナー遊びであった。大人たちの目にふれないような場所で、シンナーを順番に吸う。吸い込んだシンナーによって意識が朦朧とする。そのぼんやりしたひとときを求めて、子どもたちはシンナー遊びに夢中になっていった。分量を間違えると命にも関わる大変に危険な遊びである。育ち盛りの子どもたちの健康面に悪影響を及ぼすこのような行為を禁止しなければいけない。どうしたら止めることができるか。子どもたちに起きてきた社会的な問題のひとつであった。

一番重要なのは、親たちは我が子がそのようなグループに入っていることを知っているのか、ということである。

高度経済成長期の中で、どの企業も人手不足で生産能率を上げるには、正社員の他に、パート従業員を迎えてのフル生産であった。担い手として目を向けられたのは、女性たちであり、専業主婦の母親たちであった。男女雇用均等法の成立や男女共同参画社会基本法等々、働く女性の支援が次々と打ち出されて、社会全体が、それまでには考えられないほど、女性たちが働くことへの賛同の機運になっていった。

折しも、家庭電気製品の普及が進み、それまでは時間のかかっていた掃除洗濯炊事等々が電気製品によって大きく変わり、忙しかった母親たちも家事を上手にこなして、家計や子どもたちの教育費の捻出に夫を助けて働くようになった。

今までは、当たり前に「母親は家にいる存在」と考えられたのに、その母親が働くようになったことで、学校から帰っても、家は鍵がかかっている。子どもたち自身が鍵を開けて、中に入る。この子たちのことを当時「カギっ子」と呼んだ。しかし、長期にわたって、このように無人の家で、子どもひとりで居ることは、無理な話だった。

一九六三年から全国に児童福祉館ができはじめ、放課後の子どもたちの集まる場所ができて、母親たちは安心して働くことができるようになっていった。

母親たちは必死であった。退社後の帰途に家族の夕食の食材を求め、一刻も早く家に戻り、これからする予定の家の中での仕事のあらましを考えなくてはならないのが、繰り返しの日程なのである。

働く、子育て中の母親たちの秒刻みの生活のハードルの高さを、同じように、家庭を持ち働きながら、子どもを育て、少し先に終わった先輩として、自分たちが乗り越えてきた、その折々のことが、どれだけ大変で、オロオロしたか、その痛みがどれだけつらかったか、子育てに関わった母たちの全てに感じたであろう子育ては必ず乗り越えなくてはならない数々のハードルがあったことを。

私は、四人の子どもを生み育ててきたのに、そのように直面しなければならないハードルがあることをまったく知らないまま、子育てを始めた母親である。

無知のひとことに尽きるのだが、右往左往する毎日の子育てを助けてくれたのは、地域で開かれていた母親学級での学びであった。

たとえば、我が子が登校拒否を起こした場合、一番大切なことは、学校へ行きたがらない子どもに、学校へ行かせようと必死になり、子どもと向き合いすぎてしまい、子どもの心を意固地にさせて、ますます閉じこもらせることになると学んだのだった。

その場合、子ども自身の心の内面を見つめてあげられることが、一番重要であり、どうして学校へ行きたくないのかを、子どもから引き出すことから丁寧に関わらなければいけないことを学んだ。

大人と違い、子どもはなかなか自分の考えを上手に表現できないことから、親の注意深い関わりが重要であること、親の心も自分自身で優しく、柔らかく、コントロール如何が大きな鍵であること。子どもは、学校へ行かないことの罪の意識をいつも抱えていることを前提にすることが大切と教えられた。

焦らず時間をかけて、根気をもって、親風を吹かせないこと。

具体的な方法として、次のような対応を。

毎朝、同じ声のトーンで、

「おはよう。朝よー」

「とてもお天気がいいよー」

「ご飯の支度ができているよー」

できるだけ明るい声で唄を歌うようなトーンで繰り返すこと。

とはいっても、その声のトーンとは裏腹に、起き上がる気配のない様子を見続けながら、この行為を繰り返すことは大変な忍耐を必要とするのだが。

子どもは布団をかぶって、ドアの外の様子を知っているはずで、子ども自身も金縛り状態でどうすることもできない。起き上がれない。繰り返しのこの中から必ず光が射してきて、母の根気と忍耐と我が子への愛が、子どもの心を開かせることができる。

起き上がれない自分を叱らないで、ご飯の用意をして優しい声を掛けてくれる母。

どんなときでも見守り、自分を愛してくれる母。その心が伝わらない訳がない。それが母と子の強い結びつきであること。そして、その子を生み育てた母しか関わることができない永遠の絆であることを教えられた。

このような考え方、受け止め方が、良い子を育てると教えられたことは、私の子育てにどれだけ助けになったことか。毎月の参加の折々に直接講師に相談できる時間もあって分からないこと、不安なことがあったり、起きたりしたときは、次の開催日が待ち遠しかった。

参加する母親たちから次回のテーマを募ることになっており、母親たちの悩みで共通する問題が選ばれた。

児童期についての学びで、講師の話の中で今も心に鮮明に焼き付いている小学校低学年の男の子とその母親との話。

その男の子はどうしたことか、乱暴な性格の持ち主で、どんなに両親が注意しても言うことを聞かず、弟や妹にちょっかいを出して、最後は泣かせてしまう。気に入らないと辺り構わず、その辺のものを壊してしまう。ほとほと両親は困り果てていた。近所にも沢山迷惑をかけるので、いつも謝るばかりであった。

小学校へ上がるようになっても乱暴な行為は変わらず、何度学校に呼ばれて、注意を受けたか分からない。

今日も学校に呼ばれている。放課後の教室の前列に教頭先生をはじめ、多くの先生が座った。その前に二人はうなだれて座っている。教頭先生から、男の子が学校内で乱暴な行動をするために他の子どもたちが困っていること、そしてその子たちの親たちから学校の方へ苦情が来ているという説明から始まり、次々と一人ひとりの先生からも同じように、男の子の問題行動への指摘があった。

我が子への数々の苦情を胸の張り裂ける思いで母親は聞いていた。まったく一つひとつが、そのとおりであった。

「申し訳ありません。本当に申し訳ありません」

「本当にこの子は、どうして、どうして……」

いくら注意しても言い聞かせても、直らない子どもへの恨めしさへの思いがこみ上げてきて、ふと横目で子どもを見た。いつもの言うことを聞かない困った息子の姿はそこになく、肩を落として青ざめて心もとなくうつむいているその様子は幼かった頃の愛らしかった我が息子の姿だった。

「言わないでください。皆でこの子のことをそんなに悪く言わないでください」

突然、母親はその小さな肩を抱いて叫んだ。この子は誰の子でもない、私の子ども。私はこの子のたったひとりの母親。その母が味方になってあげなければこの子はひとりでどこへ行くの。突き上げる我が子への憐れみの気持ちが迸る。

今の今まで前に座っている先生方と同じ思いで我が子を見ていた。どうしてこの子は、と。言っても言っても聞かない、直らない。父親は怒鳴る。叩く。家の中はいつも男の子の問題で嵐が吹いている。母親は長い間心の落ちついたことがない。また、何か問題を起こさないか、とハラハラ毎日を過ごしていた。

心のどこかで、こんな子を産まなければ良かった、そんな思いが横切るのも度々だった。

親たちのその苦しみを、知るか知らぬか、変わらずに悪さを繰り返して今に至ったのだった。申し訳ありません、申し訳ありません。只々頭を下げっぱなしの母の姿を、男の子はじっと見つめていた。

講師の話はそこで終わり、この日の事がきっかけになって、男の子が変わった感動的な後日談を告げてくれた。母親の「申し訳ありません」と頭を下げっぱなしの姿を見て、自分が悪いことばかりやったために、母をこんなに困らせているのだと、やっと自分の日頃の行動に気がついたという。

両親も先生も周りの人たちも、みんなでお前は駄目な人間と、冷たい見方をされたり、自分を避ける様子に、面白くない思いの反発が強くなって、ますます嫌がらせがエスカレートしていった。

しかし、あの日先生方の前で、母がたまりかねて叫んだ言葉。

「言わないでください！」

自分の肩を抱いて泣いていた母の姿を見たとき、肩を抱いた母の手の温かさを感じたとき、体の中からこみ上げた思い、ママをこれ以上困らせてはいけない。

「ママだけは自分の味方だった」

自分はひとりぼっちじゃない。ママがいる。大好きなママをこれ以上困らせてはいけない。今までは、母も父と一緒になっていつも叱るので、素直な心になれず、意固地になっていたのだったが、大勢の先生方を前にして、肩を抱いて自分をかばって叫んでくれたとき、今まで母に抱いていた反発の心はキレイに消えて、素直な心が戻ったという。それからの男の子は「これ以上大好きな母を悲しませてはいけない」と、悪さを止めたという。

この男の子と母との話を通して、母子関係が、子どもとの問題の根幹をなすことを学んだ。その理由は一番の基になるのが、臍の緒を通して母胎に命が生長するからであると。母は子どもの大切な命を育てる重要な役割を全うする使命を持っていて、子どもは感覚で母から命を育まれた経過を身体の奥に感じ取っているからではないか。だからこそ、子どもは、無条件に母が大好きであるのだと。その母からいつも、父と一緒になって叱られることが、自分は駄目人間と否定を重ねさせていった。そしてまた叱られる、その繰り返しの中で男の子は孤立していき、悪さの繰り返しを続けていったのだったが、母の心にある自分への愛を知ったのだった。

「世界中の人が自分を駄目と言ってもいいよ。僕にはママがいるから。僕の味方だから」自分を愛してくれていた母の心が分かったときから、男の子はまったく変わったのだという。

このことを通して、私たち母親の子どもへの関わり如何によって、子どもを変えられることを学んだ。また、母と子の絆の深さを改めて深く認識をしたのだった。

このような事例を基に学ぶ母親学級は当時四人の子育ての真っ只中にいた私にとって大変に有難い学びであった。どんなに助けられたか分からない。

講師先生と月一回の出会いの中で、我が子の問題が起きたときは、直接具体的な関わりの方法などを学べたのは、この上なく有難いことだった。

商家の長男の嫁の立場ということはまだまだ家父長制度の色濃く残る中、我が子だけの関わりは許されず、家の嫁としての立場がほとんどの日課の中で、せめて我が子たちへの母の愛の証として関わったのがＰＴＡの役員を引き受けることだった。

平等に四人の子どもたち一人一人に関わったこのことは、我が子に胸を張れる唯一の思い出として今も心に残っている。

刻々と移り行く時の流れと共に、親も子どもも、目まぐるしい時間の中に身を置く現代社会でどのように有意義な時を刻むことができるかが勝負であろうと私は考える。過ぎた日々の出来事をどれほど良い思い出として思い返すことができるか、ということであろう。子育ての刻一刻にどう我が子と関わるかを考えることはとても大切なことである。

立場上自分勝手な思いや行動が取れなかった制約の多かった母を持つ我が子たちが他の子どもたちのように、母と一緒に公園遊びやお出かけの時間が欲しかったはずであったと思うのだが、そのことが与えられなかったかわりに、ＰＴＡ役員を引き受けることが子どもたちへの贈り物と考えたのだった。母親がＰＴＡの役員で学校にときどき姿を見せるとか、今日はＰＴＡの会があるので学校へ行くのよ、といった話題は、子どもたちが「母は自分に関わってくれている」と思ってくれることを、私は心の中で唯一ほっとしたのだった。

子育ての折々は、できるだけ子どもが自分との関わりを「親は心がけてくれる」との思い、自分のことを考えてくれているとの実感を与えることが大切であると。

子どもと触れ合う生涯の中で、子どもが親を求めるとき、この時を見逃してはいけない。

小学校高学年に入るころは、親よりも友だちが良い時期になってくる。その時は子どもにしてみると親の関わりはもう「ウルサイ」ことになる。特に母親のくどくど注意する小言などは最も聞きたくないと感じて、そろそろ親離れの時期になる。その時に親がいくら子どものことを思って伝える言葉も、「また始まった」と子どもは捉えてしまう。それは発達段階にとってとても喜ばしいことなのだが、「親はそう思わない」。かつて私のように「エッー、なあにこの子は」

片時も私のそばを離れなかった子どもたち。私が見えなくなると大声で騒ぎ、付きまとっていたその子たちが小学生になり、高学年になると、段々に追ってこなくなってきて、母親よりも友だちと過ごす時間が多くなっていった。

ときたま、時間ができて一緒に過ごそうと楽しみにしていても、「誰ちゃんと約束したの」とあっさり断られるようになっていった。道の途中で出会っても、いつも友だちと連れ立っていて、私を見ると手をちょっと振るだけの子どもの姿を最初に見た時のショックは今でも覚えている。

四人の子どもの同じような態度に同じころに出会って、発達の段階をやっと納得したのだったのだが、なんだか割り切れないやるせない思いはずっと消えなかった。

ずっと後々に親学会の設立後プロフェッショナルな講師の親学講座の学びの中で、子どもの親離れ、親の子離れの話によって、ごく当たり前な人間形成の発達段階の道のりと教えられ、永い間の心のかげりが消えた。

十カ月の妊娠期を経て出産を迎え、新しい小さな命を抱いたときの不思議な緊張感は四人の出産時に同じ思いを抱いた。

小さな体全体から湯気を立てて絹のお餅のように柔らかい。瞳を開いて私の顔をじっと見つめてくれた、あの感動。今まで会うことのできなかった命が忽然と現われ、我が子としてこの胸に抱いた感覚は言葉での表現は難しい。

それから始まるその子への関わりの永い時を刻んだ育児。熱が出ると大変、どうしたのかしら、胸がドキドキと鳴る。お乳をもどすと、どうしたのかしら、変わった状態が戻るまで、どんなに心配だったか。ハラハラ、ドキドキ、親子の絆とは、このような親の思いから出発するのかと、幾たびか思ったものだった。母と子が臍の緒を通して繋がるとは、このようなことなのか。このような思いをするのか。数え切れない思いをして関わった我が子は、母と同じ思いをしていると私は思い込んでいた。

その子が徐々に表してくる姿、親よりもお友だちが大好きと親離れの成長に出会ったとき、もっと前から私はこれを現実のものとして学んでおくべきだったと、今も思う。それはその時期をきっかけとして、今まで密なる世界だった親と子の間に世代間の違いの距離が始まるからである。

子どもたちは誕生から始まった母子関係の家族世界の中で世間が何であるかも知らず、親の後について成長した。全てが親の後ろ姿であったが、小学校に入り、様々な世界を知る。先生からの学び、友だちからの学びを通して、自身の親の世界と違う世界を発見していくことになって、とても新鮮な世界を知り始めてゆく。子どもたちは次々と発見するのだった。これはたまらない面白さなのだろう。親との時間が長かっただけに、のめり込んでゆくといっても過言ではない。多分これは親自身も我が子の年ごろは同じ思いだったはずだが、改めてその記憶を振り返ると、そのころの自分の姿が、かすかに浮かび上ってくる。ちょっとした事でひねくれてしまい、輪からはみ出る自分の姿がある。原因を考えるといつも同じことに気づいた。それは自分が中心じゃないことだったのだ。

多分、前述の男の子も、年ごろになって自我に目覚め始め、これまでなんの矛盾も感じなかったことに、矛盾を感じるようになった。それを上手に説明できない苛立ちからちょっとした事にも反抗的な態度をするようになって、両親から「その顔は何だ」「その態度は何だ」と怒られる。この悪循環が高じて、近所から学校までも〝悪ガキ〟と言われたのだろう。

私たちの心の深くにある〝自分を認めてもらいたい〟という思いは大人になった後も変わらず、〝生きがい〟と深く結びつく思いなのかもしれない。その自我の出発点で迷ってしまったといえる。その男の子は母の本音の愛の心に出会って、見事に我が道に戻ることができた。

このことをふまえて、子どもの心の発達はどうなっているのか、人間の心はどのような発達の過程を経るのかを子育てをする親たちが考えなくてはいけないことではないか、との思いがいよいよ強くなっていき、私は親の学びの場を立ち上げることを真剣に考えるようになり、構想を始めたのだった。

子育ては大変と、世界中の全ての親たちは思い、考えただろう。何が大変かはさまざまな問題が山積みなのだが、まず新生児のときの命の成長への関わりの不安、授乳、オムツ替え、入浴、泣き声で判断を迫られる夜中の育児、睡眠不足と、産褥の体の不自由な中で関わる育児は子育ての困難さを痛感する忘れがたい出発であった。数え上げればきりがない未知に対する不安の連続といっても過言ではなかったのに、何故できたの……と自問すれば「だってその全てを忘れさせる我が子の愛らしさゆえよ」とすぐ答えが返ってくる。

つぶらな瞳でじっと見つめられると、どう見返してよいか分からない。黒く澄んだ瞳、限りない白目の清らかさ。この子が私の産んだ子どもなの、と幾度となく思ったものだった。

あれから五十年の歳月を経た現在でも鮮明に蘇ってくる母子間のこの感覚は永遠に変わることのないテーマではないか。新しい命を産み出した母となったことから湧き上がってくる、母になった人だけが味わうことのできる思いではないかと考える。産みの苦しみの果てに我が手に抱き見つめることができた宝物。それこそ子宝と言われる由来。まさにそのとおりと実感する瞬間である。この劇的な場面と感動はその事を成し遂げたその子の母のみに与えられたご褒美と言えると同時に、これから始まる新しい命の成長に関わることになる母と子のこの世で出会う初めての顔合わせである。

この出会いの瞬間から始まった母子の絆は両者がこの世の生を終えてもなおさまざまな形をもって永遠に続くことになる。

母は当然世代の違いから先にこの世を去ることになるのだが、子どもは次世代に残されて母子の縁の関わりを全て受け継いで、母亡き後も生涯を生きていく。

この両者の生きた関わりの歴史は次々世代の孫という形をもって受け継がれていく。孫の生育の道のりの折々に祖父母の生きてきた道のりが伝えられて、また関わりの折々の感覚が確かな形をもって受け継がれる。

父の存在も同じことである。

命を与えてくれた父。そして成長のために家庭を支えてくれた父親への思いは、古代より「大いなる父」という言葉で伝えられる。家族の全てを抱擁し責任を持ち保護し続ける広大無辺な存在として、一家の大黒柱として尊敬すべき人として位置づけられている。しかし、命を与えた重要な存在でありながら、子どもにとっては母に勝る人と受け止められない。

このことは、生物上の仕組みとして生命を育てる仕組みから定義づけられる面もあると思うが、実はもっと感覚的なものと考えられる仕組み、母の〝母胎〟から命は始まる、このことに尽きるのではないかと、この重要な問題を次の章より、皆さまと考えてみたい。

児童期の関わり

一　この時期の子どもは人間性の精神の最高のレベルを備えるという。
一　宇宙計画の申し子（モンテッソーリは伝える）
一　自我意識に目覚めた子どもたち（大人たちの行動を批判する）
一　向上したい（高い所をめざす）
一　主体的に生きたい（自己の純粋な立場で進めたい）
一　平等でありたい（差別を嫌う）
一　他に何かを貢献したい（良いことをしたい）
この時期に良い行いの達成感をできるだけ体感できるように大人は心がけ、共に行動する。

第四章　思春期

恋心の芽生えるころ

「思春期」という言葉の名付け方の見事さに、只々感服する。「春の思いのとき」が思春期であると考えるからである。文字上の表現を考えたとき、春とは人生の中で一番輝くときと考えてよいのではないか。

季節も「春夏秋冬」と始まる。いろいろな物事の始まりのことと、春を表現することもある。人間の意識の受け止め方の中に、春という字を見たり、聞いたりしたとき、直感として胸のときめきを感じる思いをする字である。

思春期を青少年期と表現しないのはなぜなのかと、あるとき考えたことがあった。単なる年齢として受け止めてはいけないほど、他の期と異なる大切な要素があることに気づかされた。その要素は、思春期を迎えた本人の問題ではなく、思春期を通り抜けた周りの大人たちのためにこの字がつけられたのではないか、と考えたのであった。当事者である子どもたちが、現在の自身が思春期であるとか、思春期とは何を指しているのか、とは全然分かっていないからである。そこを通り越した人たちだからこそ、その時期に自身が出会った、もろもろのこと。

たとえば、女の子の場合、最初に起きる肉体的な変化は、「胸のふくらみを感じ始める」そして「しこりに気づいて驚く」。

不安になって母親に打ち明けるとか、姉のいる人は姉に聞いたり、あるいは母親の年下の妹がいた場合、相談したりして、誰でもが女の子はその年齢になると、自然に体が変化してそのようになっていくと聞き、ホッとする。

母親は当然、そのことを教えなくてはいけない第一人者であるのだが、忙しい時間の中で、娘の変化には気を配りながらも、時宜を得た対応に遅れて、子どもを不安にさせることがある。私はそんな母親のひとりであった。長女には大変可哀想な育て方をした。長女は自分の身体の変化をどのように乗り越えたのか。未だそのことを聞かないままになっている。

長女のおかげで、その後の三人の妹たちは、それぞれ長女の指導よろしきを得てこの時期を乗り越えたと、後年になって聞いたのだったが。

あるとき、こんな話を四女の友人の母親から伝えられた。

お宅のお嬢さんのおかげで、いろいろ教えて頂いて、とても助かっております、と。

エッと思ったが、ああ、そうか、と納得した。

三人の姉をもつ四女はいつも身体の変化の不安を周りの姉たちに聞けたことで解消したことを、一人っ子の友人の不安に伝えることができたのだったと。

そのように、子どもたちにとって、思春期に起きる肉体的変化から、今までの人生で出会ったことのない現実に向き合うことが始まる。

「注　私は男の子を育てなかったことで男性諸氏の思春期について説明のないことをお許しいただきたい」

後々になれば、決して恥ずかしいことでも不安なことでもない、人間として成長する自然な段階であったのに、なぜあんなに恥ずかしかったのかと、今でも思うことがある。

なぜだったのだろう。

この思春期には、もうひとつの表現がある。

「性に目覚めるころ」。この表現が微妙にこの時期の子どもたちの心理状況を包みこむことになったように思える。なんとなく自分がその時期に入ったことを周りの大人たちに知られたくなかったからではないかと、当時を振り返ってそんな気がする。

第二次大戦の末期に私の思春期は始まったのだが、現在のように何ひとつ性に目覚めるような話題とか活字は見ることも聞くこともなかったのに、確実に私の身体と心は、今までに気づいたこともないような状態が現われたのである。

左胸と右胸の中心あたりに、しこりを感じてとても不安になって、毎日のように手で押さえてみたりしたのが、そのことを母に聞きたいと思いながら、いざとなるとなんとなく恥ずかしい思いがして、とうとう聞けずに終わった。

ずっと後になって分かったことであったが、それは女の子だけの身体の発達段階のひとつ、初潮の始まるころから現われる両胸のふくらみのもとになる「乳玉」と称するものだった。

このように、今までになかったものが、突然自分の中に起きてくることに、とても戸惑った。当時唯一の頼りだったのは、『家庭の医学』の分厚い大きな本だった。家人のいない時を確かめて持ち出し、食い入るように知りたいところを何度も読み返し、自分に起きている身体の変化に当てはまると安心したのだった。

考えてみると、思春期から始まった自分の身体の変化を知った驚きと不安をその後の人生において、その時々に年齢を重ねるために現われてくることになる当然の変化を当然と受け切れず、生涯をかけて、あの思春期に初めて感じたあの思い、人に言えない自身の身体への変化に不安な思いを抱えながら生きることになる。

人間はこの身体への不安を失くすために、精神の安定を求めて進化の文明を進めたのかもしれない。

このような身体的な発達の変化と心の変化のアンバランスが原因となる子どもの犯罪が

年々多発し、社会問題となっている。

食事の豊富さが、肉体的な成長を急速に発達させる反面、精神的な発達が育まれていないことに、私は自分の子育ての中から気づいたのだった。

日増しに大きくなり、背丈があっという間に自分を追い越したとき、「ハッ」としたことは、私の親の意識が、子どもの精神的な幼さをまったく考えず、見た目の大きさで子どもを評価してしまい、そこから子どもの人格を考えてしまう間違いに気づいたのであったが、その間違いに辿り着いたころは、すでに子どもは巣立って親の私から飛び立った後のことだった。

食欲を満たす食べ物は家庭以外のあらゆる場所で、お金さえ出せば食べられる社会環境の中で、食べ盛りを迎えた子どもたちの身体は、これでもか、これでもか、と上限なく伸びゆくことを考えてもみなかったのだった。

元気で育って欲しいと思う親心から、子どもが食べたいものを何でも食べさせて育てたのだった。その結果、見事にのびのびと育ったのであったが、その反面、心の成長も同じ関わりで栄養を与え、水をやり、育てることを考えなかった間違いを知った。

子どもたちの問題が日に日に低年齢化に及ぶ社会の背景を考えたとき、子どもたちの心と体のバランスが重要であると考えるようになった。

二十世紀後半におけるある国の青少年対策として十四歳から親元を離れ一人で生活の自立を促すと国が打ち出したときの世界の驚きは、今も記憶に新しい。これは子どもたちの体の成長と心の成長のアンバランスのために起きたさまざまな問題を見つめて、このような対策をとったのではないかと思われる。体は立派な成人に等しいのだが、心の成長が伴わないという事例を踏まえての決断と考えられる。

前述のように思春期とは、当事者は自身が思春期の真っ只中にいるとの自覚はない。親が、大人が、社会がこの時期に入った子どもたちを、どのように導き見守るのかが、最重要なことである。

人であれば誰もがこの成長期を迎えて、次の段階に向かっていく仕組みであることを、もう一度私たち大人は確認する必要がある。私は思春期とは、子どもと成人の分岐点と考えている。この分岐点を越える方法を、先輩たちは親切に手を取って教えることが必要ではないか。

この分岐点の重要性を深く考えずに見過ごしたとき、道に迷って子どもたちは生涯を思春期の〝負〟を背負って歩くことになる。

「性に目覚めるころ」は肉体的に変化を迎える発達の過程であることを、周りの大人たち、親たちが認識し、学び、関わることを考えてみたい。

誰でもが通ることになる道であること。自身の思春期を振り返り、その時の具体的な思いや体験を話してあげる。そんな伝え方が望ましい。

我が子となると、なかなかそうはいかないと思うが、表現の仕方に工夫をして、ぜひ進めて頂きたい。私が四人の娘たちの思春期に一番心配したことは、女の子がゆえに起きてしまう「妊娠をしたらどうしよう」という心配だった。とても不安だった。当時、色々な事件が起きていた。

中学生の妊娠事件が取り沙汰されていた。友だち同士カンパして親に知られないように、産婦人科を訪れたとか、あるいは、お腹が大きくなるまで同居の親が気づかないまま、赤ちゃんを産んだとか、あまりにも衝撃的な事件がニュースになって大人たちを驚かせた。そのような報道を知るたびに、四人の娘たちの思春期が不安でならなかった。

地域で開催されていた「母親教室」に参加していたので、その不安を質問した。

「娘たちの思春期が何事もなく順調に過ぎていって欲しいのですが、どのように今から関わっていったらいいでしょう」

そのころ、長女小学六年生、次女小学四年生、三女小学三年生、四女小学一年生だった。「コミュニケーションを密にとることでしょうね。今、子どもが何を考えているか、本人に分からないように気配りをすることと、女の子の場合、美しい、愛らしい、優しいものに多く接して感動する心を育てることが大切」との講師先生の答えだった。

思いついたのが、子どもに人気のテレビ番組の『サザエさん』であった。番組の始まりにテーマソングと共に映し出されるのが、サザエさんを先頭に、ワカメちゃん、カツオ君たち一家のハイキング風景である。明るく楽しいアニメなので、毎週必ず家族で観ていた。

娘たちを連れて、サザエさんと同じように、いつかハイキングをしてみたいと思っていたところだったので、早速実行しようと思った。

講師先生が言われるように、まず、コミュニケーションがとれる美しい自然に触れる。愛らしい草花に触れる。小鳥のさえずり。青い大空。夢が広がる。感動する。まさしくハイキングではないか。

そこで娘たちに提案したのだったが、なんと娘たちは乗り気でない。「疲れるから嫌」の一点張り。四人が一緒である。しかし、母親の強引に押し切られて、しぶしぶ次の日曜日ということになった。

場所は西武秩父線の「芦ケ久保」。

早朝から弁当作りや支度に追われて、出発の時はすでにヘトヘト。しかし、あまり気乗りしなかった娘たちも快適なレッドアロー号に乗り込むころは、ハシャギ出していた。美しい車内の座席が気に入ったようである。出発して三十分もすると車窓の風景が変わって来る。緑の自然が現われ出す。目に鮮やかな両側の車窓の樹木の群生に見とれているうちに、目的の芦ケ久保に到着した。

改札を出ると、目の前にその山は見えた。山の名前は思い出せない。都内の小学生たちのハイキングコースとして人気の山である。かつて地域の「明るい社会づくり運動」の少年部ハイキングに来たことから、時折時間を見計らって、自然にひたりに来たことがあった。

レッドアロー号が利用できる快適さと、正確な時間の割り出しが可能なことと、途中から始まる樹木の息吹が何よりも新鮮だった。

駅前から前方の山に入るのだが、なんと娘たちの様子に元気がない。多分長時間の乗車のせいと気にも留めず、先頭に立って歩きだした。

途中にさまざまな木々とか野生の花々とか、時折見せる青空の青さ。何を見ても、来て良かったとの思いになる。

　そして三分の二の地点まで差しかかった所に大きな石があって、おおかたの登山者はそこで休憩を取り、一息入れて残された頂上を目指すのであった。

　リュックからおやつや果物を出し、「さあ、休みましょう」。娘たちは待っていたとばかり、食べたり飲んだり夢中。その様子にホッとした。登り始めからの口数の少なさが気になっていたからだ。

　当時はまだあまり登山者はなく、至る所に里山の優しい風景が点在していて、都会の雑踏が嘘のような静けさだ。都心から少しの時間に快適なレッドアロー号の特急に揺られ、豊かな緑の林を抜け、秩父連山の麓に位置するこの場所は、ここに辿り着く人たちを癒した。

　山登りには、長い休憩は逆効果と、「そろそろ出発よ」と声をかけた。

「ママ、ここで待ってる」

「エッー、どうして」

「疲れた」

「ここまで来たのに。もうすぐ頂上よ」

「嫌」

娘たちは口々に〝嫌〟の一点張りで、動こうとしない。残念で仕方がなかった。頂上に辿り着いた喜びの達成感を体感して、あの美しい山々の景色を目に焼き付けて欲しかったのに。

しかし、四人が口を揃えて、行かないというのを、どうすることもできない。不機嫌になっていく母親に気兼ねをしたのか、四人は口々に「ここで待ってる。ママ一人で行ってきて」長女が私の心中を察してか、「心配しないで大丈夫だから」と重ねて声をかけてくる。

心の中で考えた。このまま娘たちとここから電車で帰るとしたら。

娘たちの心の中は多分、母親の言うことを聞けなかった負い目を持ちながら戻ることになるだろう。今日のハイキングは何だったの。

コミュニケーションをとる。美しいもの、優しいものに出会うための企画だったのではなかったのか。今の感情的なもつれのまま帰ったら、娘たちは「母に気兼ね」が残り、母は「ここまで来たのに嫌とは何よ」。気まずさだけが残るハイキングの結末となってしまう。後々に悔いを残すことになったら、行動を起こさなかったほうが良かったこととなる。「これはまずい！」と反省ができた。「ここまでで充分にハイキングの目的は達成したのだから」。

「分かったわ。ママ一人で行ってくるから、四人で一緒に待っててね。お姉ちゃん、お願いね」と明るい声をかけ立ち上がった。

娘たちは、ホッとしたような笑顔でそれぞれが頷いた。

そうはいっても、四人は子ども。残していくのに不安はあった。往復一時間三十分は、どんなに急いでもかかる。しかし、娘たちの願いのとおりにすることによって、今日のハイキングが、良かった、楽しかった、素晴らしかった。この思い出を残すことになるのなら、行くしかない。自分の心を切り替えるためにも。

急いで行って戻ろうと決めたのだった。

韋駄天の如く、ものすごい早足で登山をして、予定時間より二十分早く帰ってこられた。いまだに何故あの時間で戻ったのか、不思議な思いをしている。当然のことながら、頂上に行けた母の心は爽やかで満足。このハイキングで知ったことは、このように我が子といえども、なかなか親の言うことを素直に聞いて一緒に行動をしてくれなくなる、ということだった。

当然の発達の段階と、そのことを喜べる親になりなさい、と教えられる。しかし、まだ何がどうなるのか、世の中のこと、生きることの理《ことわり》も知らない娘たちの意志をそのまま子ども本人に任せてよいのかと、考える。やはり、愛する我が子の将来に大きな問題となる人格の形成は、先に生まれた先輩の親、先輩の大人が教えてあげることが当然と思っているのだが。

自我の発達により親の言うとおりにはならない。それを親は私を含めて感情的に受け取ることがしばしばである。「人間は感情の動物」と古来より伝えられている。相手に反応して、アレルギーを起こし、感情的になってしまう。しかし、これは一番やってはいけないことという。

いかなる事柄にしても、感情的になって良いことはない。必ず後々に悔いを残すマイナスの動きになることが多い。子育ても当然である。最初乗り気でなかった娘たちを親の特権で言い聞かせ、連れて出掛けたのだが、子どもたちは疲れることが分かって〝嫌〟と正直に答えたのだろう。

しかし、美しいもの、愛らしいもの、優しいものに触れることが、人格の形成に良い影響を与えるとしたら、与えてあげたいとの思いの強さが、子どもたちの心を無視して実行を進めたのだった。「結果は良し」で〝望み〟は叶えられたのだが、何となくすっきりしないものが残った。

当時、子どもの人間形成の関わりに情操教育が基礎になって、知識と意志の三等辺のバランスの良い育て方が理想的な子育てであると言われ、子育て中の親たちは、我が子の子育てに当てはめて考えたり悩んだりしたのだった。

誕生後のなるべく早い乳幼児期から、自然に触れさせることから始めるのが良いと言われた。美しい自然の織りなす変化は、乳幼児のみずみずしい柔らかな感性の心の核に埋め込まれ、成長の折々に開花が始まるという。

「エデュケーション（教育）」の語源はラテン語で「引き出す」という意味である。我が子の人間形成に良いと思うことを感受期に与えてあげて、その後の関わりで引き出し育てることだという。

娘たちの幼いころ、我が家は、家業の関係から、日本の伝統的な家庭行事を四季折々に家族と共に開き、親しい人びとも招いた。

新年の祝いから始まり、節分、節句、お彼岸、花見、七夕祭り、お盆、お月見、秋祭り、年越しの支度、お餅つき。数え切れない伝統行事が四季にあった。

その都度姑に教えられながら支度に関わり、過ごした日々であった。その折々に、姑は必ず同じ言葉を繰り返し、娘たちの母である私に伝えたのだった。

「大変と思うでしょうけど、子どもたちの情操教育にとても良いのよ」

それらは、十二カ月の四季の変化を尊び、感謝を捧げる行事であった。

お盆の先祖のお迎え火や送り火に、幼い子どもたちは、祖母の説明を受けながら、神妙に燃える炎を眺めていたり、お月見に供えるお団子に目を輝かせて夜空に昇る月を待ったりしたのだった。これらの家庭行事の決まりごとは、家族は必ず参加することだった。

娘たちがまだ幼くその記憶が定かではないころの行事でも、後々家族の顔が浮かぶのではないか。祖父母、父母、兄弟姉妹の一人ひとりの関わりのお陰で、人として成長したことだった。


思春期を迎える子どもたちに、一番大きく影響を残しているのが、乳幼児期に、どのような関わりをもって育てられたのか、であるという。

自分を認めてくれて、愛されて、大切にされた記憶、このことであるという。

ここで重要なのは、大人の価値観でないということである。

乳幼児の時の価値観。このことである。

人が皆、生まれて死ぬまでの生涯にわたり、持ち続けている自身の価値観。愛されたい。認めて欲しい。自分が一番、の思い。人類共通の価値観と言えよう。無意識とも言える乳幼児時代から、感覚の中に持っていると考える。

いつも自分を見つめてくれて、抱いてくれて、微笑み語りかけてくれる。乳幼児が欲しいのは、このことだけである。この欲しいものを充分に与えられて育つことができた子どもは、順調に次の発達の段階に進むことになり、当然のことながら、思春期も順調に迎えられ、それなりの変化を受け入れることができるという（胎児期・乳幼児期を参照されたい）。

子どもが大人に変わる道、これが思春期であり、この道へ辿り着くことができるように、親と大人の見守りが大切と言えよう。

もし、我が子が迷ったら、この時こそ、全力をあげて、大人への道へ導きいれることに心を傾けて頂きたい。

まず、通り越して来た過去の乳幼児期に戻って、あの幼い、愛くるしかった我が子へ関わった日々に帰って頂きたい。迷いから抜け出て、本来の道を見つけられるように、祈りを込めて抱っこして、愛して、頬ずりする、あの時の母の心を保つことにがんばって頂きたい。

母と子の臍の緒の神秘の絆を信じて、親という字になって、根気よく見守り続けて頂きたい。

親とは
「木のそばに立って、我が子を見続ける」

存在だという。

思春期の関わり

一　人生の分岐点ともいわれる思春期。希望に満ちた心で未来に向かう子どもに成長させることが親の願い。
一　私のためにあると思い込むバラ色の世界。「好奇心いっぱい」でものごとの真偽も知らず、耳ダンボで友だちからの話を信じ込んでしまう。
一　体が大きくなった外観とは違い、精神面は「何も分かっていない子ども」と大人の理解が必要。
一　女の子には常に「あなたの星の王子様が現れる時まで男の子と二人きりはダメよ。その時は家に連れて来てネ」
一　体の成長の変化を言葉にできず、悩みや不安を抱え込み、感情の波が安定しない。
一　この時期の両親は本人に気づかれないように様子を見る努力が大切。
一　寄り添い、認め、信じきる。
一　心の風船の糸を切らない。
一　世界中が見捨てても母一人が味方になれば、立ち上がることができる（数学のノーベル賞といわれる「フィールズ賞」受賞者・広中平祐）

第五章　青年期

志に燃え上がるころ

確かな感性と強い力にみなぎる青年期。どこを捉えても、エネルギーが満ち満ちていて疲れを知らない。

心も体も燃え続けている。その青年の持てる力を最大限に活用して展開することができたとしたら、まさしく「我が人生に悔いなし」と言えよう。

青年期をただひたすらに、自身の思索の実現に生き切った人、可能性の全てにチャレンジした人、宮沢賢治を捉えてみたい。

あまりにも有名な詩「雨ニモマケズ」に込められた人々への限りない愛の詩を聞いた時の衝撃は、みんなに共通する驚きであった。

ここまで他の人のために思いを持ち、行動をとることができるのだろうか。その瞬間から、宮沢賢治という名が、心に深く刻まれる。

東洋の精神性がこの名前に代表されるといっても過言ではない。

賢治に東洋的な思想を抱かせることになったのは、賢治の家庭から始まる。父、宮沢政次郎は信仰心篤く、「花巻仏教会」を組織し仏教を通して地域に貢献して、藍綬褒章を受けた。母、宮沢イチは、花巻の有力な実業家の長女として成長、教養を備え、慈悲深く、明るくユーモアをもって家庭を支えたという。

両親の信仰を基盤にした豊かな愛情で育てられた賢治は、中学二年のころから自身が感動した文章を無記名で刷り、学校の下駄箱に入れる活動を始めていた。

自身が感銘を受けたことを、他の学生にも伝えたいとの素直な気持ちが、文章を刷り、下駄箱に入れるという行動になったのだった。

「ほとばしる思いを即座に行動に起こす」

現代においてもみんなが共鳴できる賢治の思想は、賢治はそれを分かりやすく具現しているからと言える。

『銀河鉄道の夜』果てしなく広がる宇宙へのロマン。

見果てぬ夢の世界、神秘な未知を抱く宇宙への限りない思いを、生涯をかけて極めることが賢治の願いであったことに気づく。

少年のころより「石コ賢さん」と呼ばれるほど、賢治は鉱物採集に熱中する。その後地質学を学ぶのだが、その研究の極みは現代の地質学に大きく貢献していると言われる。

鉱物採集から始まる賢治の宇宙までに広がる大きな関心と夢を育てたその根底にあったのは、岩手県の大自然が織り成す古代からの環境であったと思われる。

岩手山を中心とした低い山々の連なり、その深い緑、若緑が織り成す初夏の季節の風景は旅人にとって、ため息が出るほど美しい。その緑に囲まれて日々を過ごした賢治少年の心は自然の美しさと共に成長していったことと思われる。

「宮沢賢治文学」の根底に根ざしている自然への限りない愛の眼差しはそのことを物語る。そして、「石コ賢さん」と呼ばれた幼少期から毎日熱心に珍しい石探しをする賢治の背景に地理的要因が大きく関わっている。

賢治の生まれ育ったその地の県名が「岩手」と名付けられたのは、盛岡市内にある三ツ石神社の縁起から、と言伝える。

神社に三つの巨石がある。大変大きな石である。その石に鬼の手形があったという。その「岩に手形」の言い伝えから岩手と名付けられた。

また、盛岡地方裁判所の構内に「石割桜」という国の天然記念物に指定された見事に立派な桜の木があるが、この桜は花崗岩の割れ目から太い幹が出ている。

このように、岩手県の有する鉱物や岩石、化石などが賢治のたぐい稀な豊かな感性に火をつけて、後々の宇宙的な発想へと導き開花させた。

その出会いの発端となったのが、「日蓮聖人御遺文」と島地大等編『妙法蓮華経――漢和対照』であった。

前述の賢治は仏教の信仰を基にした育みで成長し、次のような食事の場面を通して、賢治の信仰の深さが伝わる。

家族で食卓を囲み食事をするとき、賢治は長男であるので、父の次に上位の席順だったそうだが、いくら父母が先に箸をつけるように勧めても、料理に手をつけなかった。弟や妹が箸をつけてから最後に箸を持つという。そのことについて、父は次のように説明したという。

「賢治の前世は全国を巡礼する修行僧だったから、遠慮深いんだ」

十八才の秋に島地大等編『妙法蓮華経――漢和対照』を読んで、体が震えるほどの感動を受けて法華経信仰を深め、鮮烈な生涯を送ることとなったのだが、特に教えの中心として賢治が深く帰依し実践したのが、「妙法蓮華《みょうほうれんげ》経《きょう》 如来壽量《にょらいじゅりょう》品第十六《ほんだいじゅうろく》」、「妙法蓮華《みょうほうれんげ》経《きょう》 法師《ほっし》功徳品第十九《くどくほんだいじゅうく》」と伝えられる。

「如来壽量品第十六」は『妙法蓮華経』全体の中心とされていて、広大な宇宙の仕組みや時間、気の遠くなるほどの過去から今この瞬間まで「大宇宙」の働きはひと時も止まることなく我々を見守り続けて居られていることを示し、「大宇宙」とは我々の命を産み出した父なる存在であること、如来（ブッダ）は宇宙意志によって、この地球上の人々の救済に止むに止まれぬ願いをもって、人間世界に誕生した「大宇宙生命」であることを宣言する重要な場面である。

賢治が如何に「如来壽量品第十六」を重要とし、思索したのかを、残された作品から改めて感じ取ることができる。

全ての作品に共通する、地球上に住む全ての命ある存在への愛に溢れた眼差しと表現。例えば、『どんぐりと山猫』の中にある「ピカピカの金色に光る　どんぐりたち」は、その表現力に息を呑む。また、『銀河鉄道の夜』にしても、同じことが言えよう。一方は森の中の出来事であり、一方は宇宙の出来事である。

ここまでの感動を人々に与えられるのは、作者の感性によって、臨場感が豊かに表現されているからである。

幼いころから石に興味を持ち探し歩いた思いの日々に、一つひとつの石を見つけたときの驚きと喜びの情感が深く賢治の心の奥にしまわれていたことであろう。

二〇一四年四月一九日〜六月一五日まで、東京上野の国立科学博物館において、「石の世界と宮沢賢治」が開催された。そこに展示された沢山の「石群」に来場者は驚いた。

それらは、賢治が集め大切にした石の数々だった。石たちには、それぞれに賢治の関わった物語がそえられていた。パンフレットにはこう記されている。

○「石っこ賢さん」から地質学者へ

鉱物の採集に熱中し、小学校の頃には「石っこ賢さん」と呼ばれた賢治は、盛岡高等農林学校（現在の岩手大学農学部の前身）に進学、卒業後には同校の研究生となりました。ここでは、賢治が採集した岩石標本や、研究生時代に作成した地質図などを紹介します。

この説明文とともに当時の採集した岩石と賢治自筆の地質図の展示。

○農学校教諭時代の宮沢賢治

研究生を修了し、農学校の教諭となった賢治は、生徒とともに地質巡検をしています。

そしてイギリス海岸では日本で初めての「バタグルミの化石」を発見し、それをもとに東北大学の研究者が論文を発表しています。

ここでは、化石と論文といった資料とともに、生徒とともに作成した地質図などを紹介します。

○文学作品の中の地質学

「蛋白石」「金剛石」「黒曜石」。賢治の文学作品には石の名前や地学の専門用語が使われているものが多数あります。ここでは「楢ノ木大学士の野宿」「十力の金剛石」「気のいい火山弾」などの作品を取り上げ、作品に登場する鉱物や岩石、化石などの実物の標本を、作品とともに紹介します。

紹介文を参考に順番に展示を見て歩くのであるが、次の展示の移動まで時間がかかる。一つの展示物を中心に半円を描くように人だかりがして、誰もがそれらの展示品を間近に見ようとしているためである。人々の思いは同じだった。展示品を目の当たりにして、在りし日の賢治が一つひとつ手に取ったその品々が、今ここにある、もっと近くに行って見てみたい。没後八十余年、人々の賢治への思いは一層に讃えられていることを象徴する光景であった。

「賢治さんはすでに中学二年の頃から天体に興味を持ち、休みで帰ってきた（寄宿舎から）日の夜なども二階の屋根の棟にまたがって星を眺めて喜び、書斎には紺色の大きな紙を張って、それにいろいろな星を貼り付けて星座団をこしらえたりしていました。そんなわけで次第に星学に対して素人離れした知識を持つようになっていたのです」

『宮沢賢治――素顔のわが友』（富山房企畫　佐藤隆房著）

賢治は中学二年生のころ、すでに自身が関心をもつものに対して、研究の成果を形にしていたことが、この文章を通して知ることができる。青少年のこの時期は限りない好奇心と爆発するエネルギーを備えている。賢治のたぐい稀な才能にただ驚くのであるが、才能だけではない人柄の素晴らしさが、現代の人々に作品を通して感銘を与えるからである。

その人柄を育みそだてた両親の愛の深さと、その愛の深さで日々織り成される家庭の温かさ。日本人の最良の資質である「善なる人格」と東北の風土の関係を思う。

大自然から与えられる四季に順応して生き続けられた先祖代々の家々は家族同様に関わってきた親しみの関係を備えている。

一年の大半が、寒冷期の中にある東北の地の定めは、大自然と如何に共存するかの日々である。先祖代々引き継いで現在の家々の当代同士の関わりは、信頼を通して助け合いの永い歴史の上にある。

その信じ合う心の絆が基盤になっていたからと思われる。隣の家の悲しみは、我が家の悲しみであり、隣の家の喜びは、我が家の喜びである。賢治の限りない人々の愛の眼差しはこのような環境を基に備えられたと考える。

農業の発展への強い願いこそが代表的な人々への慈しみの心であったからである。

賢治の幼い心を育んだ太陽や空や月や星、山や森、地上の石や虫たちへの驚異の眼差しと憧憬は、青年期に入ったとき、その素晴らしい大自然の営みによって、人々が危機や震災、津波に襲われる悲劇が隣合わせにあることを知った。

そして人々の苦しみを知ったのだった。

最も多感な青年期に、父から贈られた『妙法蓮華経――漢和対照』を読む。「十八才で初読し、異常な感動を受けた」と伝えられており、生涯の信仰生活のきっかけとなった。

法華経を基に、日々の思索は深く賢治の人柄はますますに開花されていった。

両親から与えられた豊かな資質は、美しくも厳しい東北の大自然の春夏秋冬の織りなす風土が重ねて育てあげていったと言ってもよい。

有り余るエネルギーが次から次へと噴出し、溢れ出る活力と行動力を内蔵している青年期に、賢治のエネルギーのアンテナは見事に生涯の生きがいを当て、それが法華経による信仰生活であったと言えよう。そして、眠る間も惜しんだ、すさまじい青年期が展開されていく。

「妙法蓮華経如来壽量品第十六」に示された生きとし生きるもの全てを生かしめる「永遠

の生命」への確信と、実感が賢治を日々支えるバックボーンとなり、その後の賢治の行動の原動力になっていった。

その現われとして次のようなことが伝えられている。

「寒行

花巻町の一月の晩は通りが鏡のように凍ってショーウィンドウの光に輝き、五彩を放つかと思われます。うっかり歩けば滑ってズデンと尻もちをつく道です。あちこちの店の大戸が閉められ始めた十時頃の往来に、上町の西の方からリンリンととおる美しい声で、「・・・法蓮華経、南無妙法蓮華経、南無妙・・・」とお題目が流れてきます。

だんだん近くになるとその声は、聞く人の身体が引き締まるような、悲壮とも思われる熱烈な信者の声なのです。帽子もかぶらず、かすりの着物にマントを着、合掌して過ぎて行きます。ある店の前を過ぎる時、店の人々は驚いた顔をして言いました。

「あれは賢治さんだな」

「ほんとうに賢治さんだ」

ちょうどその時、その店に来ていた賢治さんのお父さんは、その話を聞いてびっくりしました。

「あの馬鹿が、あの馬鹿が」と言いながら、急いで店の前に出てきましたが、その時は賢治さんはもはや、ずうっと向こうの方へ行っていました。

その晩「さかえ庵」というそば屋の前を通った時、そこのおかみさんが、「和尚さん上げるんすじゃ、上げるんすじゃ」とお賽銭を差し出しました。賢治はうやうやしくそのお賽銭をいただきました。

あの町この町と実行した後で、自分の家の前に立った賢治は高らかに「南無妙法蓮華経　南無妙法蓮華経　南無妙法蓮華経」と唱えました。そして家に入ったのです。

「あの馬鹿が、あの馬鹿が」と言ったお父さんは、賢治さんを仏道に導入した御本人なのです」

（『宮沢賢治――素顔のわが友』）

賢治の並々ならぬ信仰心とひたむきで純粋な精神の持ち主であることを物語る場面である。

このことを通しても知ることのできるのは、賢治自身の誠実な人柄である。

かすりの着物と文中にあるように、青年期の始まりの年齢である、うら若き若者の恥じらいのそのころ。感受性の鋭さは人一倍であったはずの賢治のこの仏道の実践は、止むに止まれぬ信仰心の高まりと言えよう。その高まりを現実に行動に移すことによって、賢治は自身の信仰者としての確認を求められたと言えよう。

「妙法蓮華経如来壽量品第十六」と共に「妙法蓮華経法師功徳品第十九」が賢治の信仰の要と言われるが、その「妙法蓮華《みょうほうれんげ》経《きょう》 法師功《ほっしく》徳品第十九《どくほんだいじゅうく》」について『法華経の新しい解釈』（庭野日敬著）には、こう記されている。

基本的な仏道修行「五種法師」を示した個所『爾の時に仏、常不軽菩薩摩訶薩に告げたまわく、若し善男子、善女人、是の法華経を受持し、若しは読み、若しは誦し、若しは解説し、若しは書写せん』

「五種法師」とは、次の五つの基本的な実践をすすめる人。

「受持《じゅじ》」　教を受け保ち続ける

「読《どく》」　経典を読み続ける

「誦《じゅ》」　繰り返しそらんじる

「解説《げせつ》」　経典を理解し伝える
「書写《しょしゃ》」　繰り返し書き写す

このような行いが進むことによって「なるほど」と信じ、「有り難い」と喜びが起き、他の人に伝えたいとの心が湧き上がり、「五種法師」の行いが達成されていく。その結果、眼、耳、鼻、舌、身、意《こころ》の六根が清浄になり、その六根の変化は、自身が確認できる。

「眼」　信仰が進めば、迷いの雲のない清らかな眼（まなこ）になり、下は地獄のどん底から上は最高の天界まで、あらゆるものの真相がはっきり分かるようになるという。

常に心が平静で、荒々しい感情の波が立っていないために、ものごとの正しい像が眼に映るからである。

「耳」　「五種法師」が進んだ人は、清浄の耳をもってあらゆるものの音や声を聞き分けることができるようになる。

全ての音は、ものが動く時に起き、その振動によって音が出る。信仰が進んで心が澄み切った人は、その音によって、動きの微妙なところまではっきり捉えることができる。

これらの声の真意をことごとく聞き分けて、地獄にいるものの苦痛の叫び声（地獄声）さまざまな悩みにさいなまれている声（畜生声）、飢えを訴えている声（餓鬼声）、争い合い、いがみ合っている声（諸の阿修羅）……を聞き分けることができる。

天上界の住人の言葉も比丘や比丘尼や菩薩が教えを説いている言葉を聞き分けることができる。どこで、どんな教えが説かれていても、どんな価値ある教えであるかが、はっきりと分かるようになる。


「鼻」　鼻は人間の五官の中で最も動物的なもので、匂いの芸術が、眼の芸術（絵画、彫刻）、耳の芸術（音楽）などに比べて発達しないのは、そのためと言われる。それだけに人間の感情を直接的にひどく左右するある匂いを嗅げば食欲がなくなり、頭痛がしたりする。それとは反対にその香りにうっとりとして、いつまでもそこを離れたくない、そんな気分にもなる。

このように、匂いとは捉え難いものであるが、それすらも自由自在に嗅ぎ分けられて、ものの本質をつかめるようになる。

「舌」　信仰が深く心静かな人の舌の上に不味（まずいもの）、苦澀物（にがく、しぶい）等をのせても全ての食物は天の甘露の如く、美味くなる。

その清められた舌をもって、大衆に向かって演説をした場合、深く妙なる声は能く人々にとどき、深妙の内容も見事に説いて、人々は歓喜する。

「身」　五種の行を進めた人の清らかで美しい瑠璃の如くの姿を大衆は喜び仰ぎ見て、菩薩行を一心に行じた人には、「私」というものがない。この世のものの相（すがた）が歪みなく曇りなく、ありのままに映るので、大衆はその人を導師として尊敬し、その姿を見ることを、この上ない喜びとする。

「意」　五種の行を進めた人は、心の奥底（意根）から清らかに澄み切っているので、仏の教えのただ一偈（一つの言葉）もしくは一句（一節の文章・教え）を聞いただけで、それに含まれている無量無辺の意味をくまなく知ることができるようになり、一偈・一句について、一カ月ないし四カ月、いや一年間も説法し続けることができて、教えにあまねく通達しているので、いろいろな角度から、いろいろな説き方ができる。

仏法の広大無辺さと、教えに通達した人の智慧の深さが示されている箇所である。

「妙法蓮華経法師功徳品第十九」の主な要点は真に法華経を信じ進める人には、「眼耳鼻舌身意」の全てがこのように清らかに高まってくることの具体的な姿を示した所である。

賢治がこの「妙法蓮華経法師功徳品第十九」と「妙法蓮華経如来壽量品第十六」を片時も離さず、指針としたことを考えたとき、賢治像が浮き彫りになってくる。

賢治の膨大な作品の原稿は、『兄のトランク』（宮沢清六著）で述べられているように、父との宗教上の行き違いの結果、東京に家出、六年間の暮らしの中で書きとめられた詩や童話であるという。賢治は上京すると念願の「国柱会（法華経教団）」に入会し、熱心に法華経を学びながら実践する日々を過ごした。賢治亡き後、実弟の宮沢清六氏の献身的な努力によって、トランク一杯に書き綴られた生原稿が一つひとつ整理され、世に出ることになった。

賢治在世中の出版本は、二冊のみだったのを兄思いの清六氏の熱情によって、賢治文学が世界にまで広まったのであった。

今もなお読む人を魅了し続ける「雨ニモマケズ」は、そのトランクのポケットの中の黒い革の手帳に走り書きしてあった。賢治亡き後、清六氏が発見したのだった。
「雨ニモマケズ
雨ニモマケズ
風ニモマケズ
雪ニモ夏ノ暑サニモマケヌ
丈夫ナカラダヲモチ
慾ハナク
決シテ瞋ラズ
イツモシヅカニワラッテヰル
一日ニ玄米四合ト
味噌ト少シノ野菜ヲタベ
アラユルコトヲ
ジブンヲカンジョウニ入レズニ
ヨクミキキシワカリ

ソシテワスレズ

野原ノ松ノ林ノ蔭ノ
小サナ萓ブキノ小屋ニヰテ
東ニ病気ノコドモアレバ
行ッテ看病シテヤリ
西ニツカレタ母アレバ
行ッテソノ稲ノ束ヲ負ヒ
南ニ死ニサウナ人アレバ
行ッテコハガラナクテモイヽトイヒ
北ニケンクヮヤソショウガアレバ
ツマラナイカラヤメロトイヒ

ヒデリノトキハナミダヲナガシ
サムサノナツハオロオロアルキ

ミンナニデクノボートヨバレ
ホメラレモセズ
クニモサレズ
サウイフモノニ
ワタシハナリタイ」

「雨ニモマケズ手帳」

この詩に込められた願いこそ、賢治の生涯を貫く思想ではなかったか。

幼少期から始まった好きなもの、美しいもの、珍しいものへの熱い思いは途中で消えることなく、賢治の感性はその物の本質を求め、極め、「石コ賢さん」の石へのロマンは『銀河鉄道の夜』によって宇宙まで昇って行った。

鉱石、地質、農業、星座、音楽、文学と全てが人に教え導くことができる賢治の領域であったと伝えている。

ある時期賢治は、宝石商になることを考えた。今までどこにもない「美しい人造石」の店。

具体的に店が開くところまで夢を持ち、進めていったのだが、父の反対で実現に至らなかった。

美しいもの、それは人の心を癒す。

賢治の心の根源に人々の心を幸福にしたい、との思いがあり、全ての研究へと繋いでいたのではないかと想像する。

「妙法蓮華経法師功徳品第十九」にある法師の心得は、賢治にとって『雨ニモマケズ』だったのではと、私は思う。

「自身への戒め」「他者への無限の愛」へと、三十七才の生涯を完成していった。


この青年期の章で宮沢賢治の生涯を取り上げたのは、人は皆個々にそれぞれの個性を持ってこの世に誕生を果たすのである。そして、それぞれの異なる環境において育まれ成長していく。その「バックボーン」とは何を指すのか。

それは各自の「生きがい」であろうと考える。

「生きがい」とは「自分が好きなもの」。それを幼少期から見つけた賢治は、決して途中で迷わず、大切に育てたからこそ、宇宙まで行けたのだった。

青年期の皆さん

今、大切にしたいもの、それを「生きがい」にまで保ち、自身が誇るキャリアとして、生涯を通じて完成を進めて頂きたい。「急ぐことはない」。しかし、途中で変えることは時間を捨てることになる。千差万別、この世にあるもの全てが人々に必要なもの、保ち研鑽し思索する。このことができるのが躍動する青年期だからである。失敗を恐れず、勇気を持って今一番好きなものを大切に、自信を持って自己表現できるところを目標にして、何度も繰り返しを、恐れずに進むことが重要。

迷ったときは、目上の識者に心を込めて教えを請うことが大切。

尊敬できる人を大切に、礼をつくすこと。その人との繋がりを求めることから始めてみてはいかがだろうか。

「人はひとりでは生きられない。人と人との繋がりこそ、生涯の宝と言えよう」

「好きこそ物の上手なれ」

どんなことがあっても、人は好きなものに対して熱心に努力するので上達が早いという。

「自身の好きなものが、他者のためになったら、それは生きがいと言えよう」

賢治が『妙法蓮華経――漢和対照』に出会った時、体が震えたと伝えられる。それは法華経のどこであったのかと、永いこと知らなかった。

「雨ニモマケズ」の詩に表現している

「このような人になりたい」

「このような菩薩になりたい」

ではなかったか。

苦しむ人。悩む人。悲しむ人のところにおもむき勇気づけてあげる。

他者にこのような思いをもって関われる人が菩薩と法華経は伝える。

青年期の関わり

一　今、目指すもの。一番大切なもの。それを未来に育てませんか。

一　先輩、知人、友人と一緒に過ごすスケジュールをできるだけ多く、沢山のことを教えられるので、ぜひ奨めたい。

一　夢はできるだけ遅く叶うこと。人生の荒波を越えるとき、夢が助けてくれるので。

一　社会で認められ、必要とされる人とは、職業に関係なく自己の置かれたところに価値観をもつ人。

一　そのことに関わった時間（キャリア）が切り札となる。

一　思考と実践のバランスが、心と体の安定を決める。

一　青年期のみなさん。ハンサムな自己完成を生きがいとしませんか。

第六章　壮年期

心と体が充実するころ

壮年期を一言で表現するならば、「生涯で一番忙しいときであり、〝力〟が必要なとき」と言えよう。

心も体もエネルギーが充満しているときである。

朝起きて、夜寝るまでの一日を働き回って疲れ切って寝床に横たわり、翌朝目覚めるのだが、この時期はどんな疲労も一晩の睡眠によって解消されて元気に翌朝を迎える魔法のような力を持っていた。

その魔法の力は何故かと、振り返ってみたとき、それは〝責任感〟のなせる業であったと気づかされた。

壮年期とは人生の道のりの大本が決まるときであり、この世代ゆえに起きてくる様々な問題への「義務と責任」を果たすときでもある。

子どもとの関わり

思春期を迎えた子どもと向き合うことになるのが、親は大方この壮年期と言えよう。思春期だから起きる子どもの問題として、夫婦が話し合うことのできる状態であれば、問題解決は早い。しかし、今まで事例を見聞きした点では残念ながらこのような例は、少ない。

ほとんどの父親が子どもの問題は、妻の関わりと考えるからだ。

父親は、妻や子どもが生きるための経済力を支えるという役割を担っているので、「当然、子どもは母親が関わるべき」と、社会的に区分されたような状況が近代まであった。現代もまだ根強くこのような考えが残っている。私が壮年期であった昭和末期までは当たり前に近いことだった。

子どもたちの様々な問題（非行、異性問題、引きこもり、いじめ等々）に出会った母親たちは父親に相談するまでには、自分自身の力の及ぶ限りのぎりぎりまでがんばって、最後に思い切って打ち明けて、助けを求めたのだった。私もそのひとりである。なぜ父親に言えなかったのか。それは二つの理由からであった。

第一　子どもが父親に責められる姿が恐ろしいこと。

第二　お前の責任と非難されること。

そのことが恐ろしく、子どもの変化に気づきながらも、父親に相談できず、ひとり毎日不安な思いを抱いて、子どもの様子にハラハラしていた自分を思い出す。

夫婦二人の子どもであるのに、それほど父親に子どものことを相談できなかったのは、当時の父親は家庭より仕事が優先であり、家庭に心を向ける男性は男性社会では通用しない。そんな風潮であったことから、子どもは可愛いと心では感じながらもあからさまに態度を表わすことができなかったのではと推測する。父親たちのそんな関わりの子育て時代は、我が子がどんないきさつの中で育っていったのかを理解することができず、起こした問題だけを捉えて子どもを叱るのだが、思春期の子どもの常として、素直に受け入れるはずはなく、反抗的な態度をされたとき、思わず手が出て、結果は悪いほうに向かい、父親と子どもの関係は非常に悪くなっていく。このような実例を見聞きする母親たちは、父親に相談することがなかなかできなかった。

親に反抗する思春期の子育てと並行して始まる夫婦間の心の距離は、この辺りから始まるように思う。素直に自分の心を伝えなくなった妻は、誰にも相談できなく、孤立を深めることになる。

父親と子どもと母親の関係において、子どもは分身と考える母親は、理解してくれない父親から子どもを庇うことに始まる。

このことを社会的には母親の過保護とか溺愛とかと表現されているが、致し方ないことで、母と子は〝生命誕生〟から形成される関係であるを改めて認識せざるを得ない。

夫婦間においてもこの時期は多くの問題を抱える年代でもある。

青年期に出会い、この世でただひとりの人であった夫と妻。この人と結ばれなかったらこの世の終わりとさえ思い込んだ、素晴らしい人であった。その人と結婚できて、この世のバラ色は永遠にあるはずだったのだが、バラ色のときは、あまりにも短い。寝食を共にすることによって「人の心は馴れていく」。結ばれる前に只ひとりの人と思い込んだその思いは忘れられていき、目の前にいる〝今の人〟と向き合って一喜一憂の日々を送っていく。

前述の子どもの思春期との関わりを見ても、結婚当初の二人からこのような夫婦間の考え方の距離がいずれできるとは夢にも思わなかった。このようなことを人々は古来、伝え伝えて、人の心は刻一刻とその場にとどまれず変化する仕組みなのだと、〝心ころころ〟と諺にある。

目の前に起きてくる相手の様々に変化する形や姿はよく分かるのだが、自分もどうかと、自分の姿も捉えてみる必要があったと、今は思えるのだが。

毎日の生活への対応に必死に追われて自分を客観的に考えたことがあったのか、相手と同じように自分の姿も心も変わっていったはずであるのにそんなことを考えることもなかった。

妻側からの考えとは。

結婚し、新しい未来に大きな夢と喜びを求めて、二人で始まった生活であったのだが、その日から二人分の生活の全てを受け持つ。食事の支度、掃除洗濯の家事一切を受け持ち、当初はそのことも嬉しく、喜びと楽しみであったのだが、月日の経過はいつまでもそのような心を保てない。前述の人間本来の心の仕組みの馴れが顔を出し始めてくるからである。

私だけがこんなに大変！

アナタも手伝って！

しかし、まだそのころは夫から優しい思いやりの言葉だとか、ちょっとした心遣いのプレゼントで、そんな心や思いは吹き飛んでしまい、やはり素敵な人と思い直すのだった。

夫の家族との関わり

現代にも残る結婚のあり方への考え方の中に、妻側の心の重い位置を占めている問題のひとつに、夫の両親と兄弟姉妹との関わりがある。

嫁入りという言葉の由来のとおりに、結婚とは、〝婿の家に嫁は入り、婿の家の人になる〟ということである。現在の社会では女性が夫の実家に入り、夫の家族と生活を共にすることはほとんどないほど、結婚する当事者同士の自由な選択のもとで新生活がスタートする。それが当たり前の時代になったとはいえ、「結婚とは、男性の家に女性が嫁に入ること」という風潮が未だにある。

現代の若い人たちにとって恋愛時代はとても自由に夢や喜びを分かち合い、二人の願いを成就して結婚式を挙げた訳だが、生活を始めて、家族との具体的な関わりを初めて知ることになる。

特に嫁姑の問題は二十一世紀の現代においても、昔そのままにある。只違うのは同じ家屋で寝食を共にしない、ということであって、心の内は同じと言えよう。

「嫁は我が家へ嫁入りして我が家の人になった」

夫の家族のこの思いを結婚と同時に知り始めた妻の心は複雑になっていく。特に長男や一人息子の妻となった場合の心の負担は大きくふくらんでいく。

日本古来の風習や慣習と簡単に片付けられる問題ではない。特に女性の場合、家族や家風の存在をもっと早くから認識をしておくことが、結婚後の夫婦の生活を円満に過ごせる重要な要因のひとつとなる。

夫側にしてみると、寝耳に水に等しい不満を妻から訴えられるのだが、その不満が実の母親に対してであったとしたら、ショックこの上ないことである。

自身を大切にここまで育ててくれて、愛してくれたこの世に二人と存在しない母と、最愛の妻の関係が良くないとしたら、大きな悩みを抱えることになる。男性は女性と違って、家庭のこと、家族のことを親しい友人にも語れない人が多い。そんなモヤモヤを解決するのは、お酒となる。お酒は男性のお茶とも言える。世に言う大酒飲みの人の中に、自己を上手に表現できない要素があるのではないかと考える。

女性諸氏には、もっと早く男性のこと、男女の違い、細胞の違いまでを考え学ぶことだとすすめたい。この世は男と女の両性の世界であることを強く認識しておくことが大切である。夫だから、妻だから、とお互いが心から許し合っていくことは大変に素晴らしいことである。しかし、重要なことは、いつまでも相手を尊重する心を持ち続けることにある。結婚前の出会ったころのあの思い。「私のこと、どう思っているのかしら。どうしたら好きになってくれるかしら」。同じようにとはいかぬまでも、相手を気遣う心を持ち続けることが、自身にとっても、子どもたちにとっても、とても仕合せなことである。家庭が平和で明るいことは、どんな良い条件の生活より優ることはないからである。

子どもたちにとって、いつも父と母の仲の良い家庭の中で育っていくことは、これ以上の幸福はないからである。

夫との関わり

家庭不和から離婚に至る例の大半が、夫の浮気、暴力であるという。夫側の責任だけが表面化しているのだが、問題にまで発展していく過程で妻の関わりは、どうであったのか。

離婚をした男性に女性問題で意見を聞いてみた。

「なぜあのような素晴らしい奥さんがいて、子どもまでいるのに、他の女性に心を動かして離婚したのですか」

彼曰く、

「ボクが浮気をしたのは悪かったのですが、離婚までしようとは思わなかったのに、毎日毎日妻から責められて、一緒に住むことが嫌になった」

暴力を振う男性は、こう言う。

「確かに暴力を振ったのは悪かったのだけれど、一言言えば、十言で返される。それも反抗的な顔でやられるので、言い返すことができない苛立ちからつい手が出た」

男性諸氏の本音である。

夫婦げんかの場合、夫に言い返すと暴力を受けることになる。女性は体力がないので口惜しいけれど、その場を逃げて身を守ることしかない。男性は言葉の表現が女性のようにできないために、一番の武器の腕力を無意識に振ってしまうという。脳で考える前に、男性の習性が腕力を振うことなのだから。

このような男性の仕組みを知った上で、相手に手を出させないで、自身の言い分を伝えることが大切ではないだろうか。

子どもたちのために、家庭の平和のため、男女の異なる仕組みを学んだ上で、体力ではとても及ばない女性の武器として、智慧を深くすると共に、できるだけ美しさを保つための努力を勧めたい。

世の男性諸氏は、女性の美しさに一番弱いという。寝起きを共にして人生を生きる伴侶が、いつも身だしなみを整えて気持ちのよい姿をしている人であったら、どんなに人生は素晴らしいことであろう。

女性が美しく我が身を整え飾ることは、女性に与えられた特性であり、世の中への貢献であると仏教の宗祖ブッダは説いている。

「妻がいつも変わりない美しさを保ち続けていることは、大いなる愛である」

誤解なきようにここで申し上げる。美しく身を飾ることは宝石や高価な物を身に纏うことではない。

女性の特性意識を考えることである。

歳を重ねるたびに若さや輝きは色あせていくものである。それを補うための心配りを言う。みずみずしさを失ったころから考えたとき、よそおいは年齢と共に続ける努力が大切であろう。けっして若いときのような化粧でなく、年齢に応じた方法を考えることであろうか。

「この人、気配りをしている」と相手に感じさせることが重要であろう。身を整えることは、自己を表現すること以外の何ものでもない。自分の美意識を許される範囲で整える気配りこそ、周りの人への貢献であろうかと。そのために努力することは、とても楽しいことでもある。それは、若さや美しさへの夢を見させてくれるから、と言えよう。

努力は必ず形となって報われる。

フランスの美容評論家フランソワーズ・モレシャン氏の著書の中で、美しく装うことへの他者への貢献を次のような場面で紹介していた。

あるとき外国の人里離れた場所で撮影班のメンバーに加わった折のこと。女性はモレシャン氏ひとりだった。

朝早くから暗くなるまで、予定の日程に追われながらの撮影だったという。夜食を済ませた後は何もすることがなく、来る日も来る日も同じ繰り返しの一日だった。周りに人家はなく、夜は灯りひとつない。撮影班のメンバーだけが寝泊りする木造建てのこの宿舎だけである。

都市部でのロケの場合、夜の巷に連れ立って繰り出すというストレス解消法もあるのだが、そんなことは望めない場所だった。

日を追うごとに、全員が無口になっていった。モレシャン氏は、その様子を見て、持ってきた衣服を選び、精一杯に装いを美しくして、夜の食卓に出るように心がけた。二階のモレシャン氏の居室から、皆が集ったころを見計らい、ドレスアップして降りていくことにしたという。

化粧をして、その日その日にあるものの中で組み合わせを考えたファッションに、並みいるメンバーはその美しさに目を見張り、今夜はどんな姿で現われるのかを楽しみに待つようになったそうだ。

このモレシャン氏の、どうしたら皆の心を和ませられるか、どうしたら皆が以前のように自然に言葉を交わすようになるのか、と自身の役割の貢献を考えられたことが、前述の女性の特性と美容評論家としての持てる〝力〟であったと、その著書に深く感銘を受けたのだった。

男性同士の殺伐とした空気を和らげられる女性ならではの大きな貢献を考えさせられたのだった。

男性の持ち合わせがない部分を、女性の特性によって、より良い結果を生む大切な仕組みであると言えよう。

壮年期において一番多発する夫婦関係の問題の中に、この夫と妻の異なる細胞レベルの特性をそれぞれの立場で考えることが、これからの家庭を充実させる鍵となるのではないか。妻側の立場、夫側の立場だけで考えた場合、物事は二極化して、許す、許さないとなる。

許さない。この思いで相手を見たり、考えたりするとき、ますます自身の感情は許さない方向に強く進んでいき、どんなに相手が説明しても、激怒してかたくなになることが、〝心〟の習性であることを認識しておきたい。

もし、許すと決めた時、心の動きは少しずつ相手を受け入れられるように動き出すことを知って頂きたい。

この人と結婚すると決めたころの自分をちょっとでも思い返せたら、許そうと思う心が動き出す。

ぜひこんなとき、両方の心の動きを客観的に見つめたうえで、許す、許さない、を決めて頂きたい。

壮年という人生の半分のこの時期に、自身のこれから永い道のりを考えたとき、一番の選択肢は心の平和である。しかし、その平和は衣食住の安定の基盤の上にこそ得られるという約束事があるとしたら、客観的な判断を何回も重ねて考える必要がある。一人になってどのような設計で未来を生きることが、自身にとって平和で幸福であるのかを。半分の分岐点のその先の人生をシミュレーションしたとき、一人で生きることは難しい。新たなる伴侶に出会うことであろう。その人が現在の夫、妻より素晴らしいとの保証はどこにもない。それを分かっておくことである。まして子どもがいるとしたら、ぜひぜひ何回も新しい未来のシミュレーションを進めたうえで、決断して頂きたい。

輝いた青春に出会った、その人以上の人に出会うことの難しさを。

全ての物事はそのままいつまでも変わらずにとどまることはあり得ない。

現時点での相手を許すことはとてもできない問題であっても、強い意志をもって具体的な方向への思い（離婚）を迫らなければ、前述の二例のように、男性は現状維持を望むという。それならば、元に戻る日まで自身の〝許さない〟と思う心を、どうやってその時まであやしながら待つか、ということであろう。

他の女性に心を移した夫と共に起居を共に過ごす苦しみを、どうしたら超えることができるのか。渦中の日々はいたたまれず、想像を絶することなのだが、ここでぜひ思い浮かべて頂きたいのは、男性の細胞と女性の細胞の異なる仕組みである。

女性自身の愛に対する基準は、一人を愛したとき、どんなに他の男性からプロポーズをされても、考える余地は「まったくない」のだが、男性はそうではない、ということである。

その違いを見定めた叡智を女性自身が身につけることで、家族の幸福を守ることができるとしたら。人間の習性は簡単に変えられないと言う。だとしたら、自身の幸福を守ることとは、と時間をかけて繰り返しシミュレーションし、自身が納得できたときに、具体的な行動に踏み切ることが大切である。

その納得の折り返し点は、ムカムカした怒りが収まったときであり、怒りや感情の激しいときに行動に移すことは最も危険なことと言えよう。我が身や子どものこれからの未来の幸福のために、感情的にならないことが重要である。

夫婦間で問題が起きたとき、どうしたら我が身を守りきるかである。起こした相手に振り回されず、どう処したら自身を守るのか、その守りとは今までの平和な家族であり、家庭だった仕合せを、ということである。

その守りとは、その場所で、ともすると、憎しみや嫉妬に荒れ狂う我が心と戦いながら、夫不在の、あるいは夫の心不在の家から逃げずに日々を過ごせるかどうかである。

「怒りの思いをそのまま相手に思い切り叩きつけて、家を出る。離婚する。確かに気がすむ。しかし、その後をどうする？　これから始まる長い人生をどう生きていくか。子どもがいたら、簡単な問題ではない。子どもの未来はどうなるのか」

思いのままに行動することは許されないこの時期であることを改めて考える重要な人生の峠とも言えるのが、この壮年期と考える。

第一に自分の年齢と体力

第二に子どもの未来に不可欠な教育費と生き方の関わり

第三に家を出たその日から始まることになる不安定な日々の生活費の問題等々数え切れない様々な事柄を一人で抱えこむことになる。

冷静に考えたとき、こんな理不尽なことはない、と気づかされるはずである。

問題は夫が他の女性を好きになったことから、家族や家庭が不幸なことになったわけである。

だとしたら、許せない思いは横において、被害者である大切な我が家庭が、乱入者のために掻き乱され、私たちが退くことはない、と強く強く思うことである。

今後の未来の生き方の方向を感情で選ぶことは賢明ではないと気づくことである。

夫とその女性も、いずれは熱情の冷めるはずである。なぜならば〝心ころころ〟と全てはひと時として、そのままの状態に滞ることはないからである。

そのときまで自身をあやし続けて、今までどおりの日々を送ることこそ、我が身と子どもの幸福なのだと考えるべきである。

ここで〝あやし〟について考えてみたい。人それぞれの価値観に拠る一番嬉しいこと。一番楽しいこと。一番自身を満たすものであろうと考える。ただし、ここでの要注意は、ゆめゆめ他の異性にだけは拠ってはいけないことを、自覚することである。

相手の〝思いのつぼ〟に飛び込むことになる。時の流れは、必ずや苦しみを取り去り、我が身と我が家族の平和と幸福を約束してくれることを信じて、自身を〝あやし心〟のバランスをもって、時を待つことをお勧めする。

親の介護の問題

高齢化社会に突入した現在、一人ひとりの問題として捉え、考える重要な課題と言えよう。「親無くして、今の我のこの世の存在は無い」。人類の始まりから現代に、またこれからの未来に、永遠に引き継がれていく人間の仕組みの中で、最も尊く普遍なことが、親と子の関わりのことである。

胎児期から始まって、壮年期までを述べ進めてきた主な内容は、親が我が子にどう関わるべきかの事柄であったが、子どもは母の胎内十カ月の生物的発達を遂げて、この世に誕生させてもらうのである。そして、動物の成長の中で、全面的に親の関わりがなければ、生まれてからの生命維持が不可能と言われる。

親の手厚い保育のおかげで生きられた事実を改めて考えたい。

「子を持って知る親心」といわれるが、自身が子どもを生み育てる中で、初めて両親の苦労が分かることになる。それまで甘えっぱなしの勝手放題をして、親を苦しめ嘆かせた多くの事を親が健在の間に気づき、親への心のお詫びができた人は、とても幸運と言えよう。多くは失ってから我に返ることになる。

人間の一生の中で、数え切れない人と人との出会いを重ねて、人は皆生きていくのだが、親と子の出会いこそ神秘としか思えない不思議な出会いであると考える。

ブッダとキリストをこの世に産み出した母たち、摩耶夫人、マリアの背景に聖なる神の受胎告知から始まることは先に述べたとおりである。これは生命の神秘を伝えていると考えられる。

私たち一人ひとりの生命は、このような仕組みの中で、この世への誕生を果たすことができたのだとしたら、永い道のりを、親たちの言い尽くせぬ祈りの関わりの中で、我が身が今日まで生を進められたわけであったのだと、強く気づかされるのである。

何度礼を言い、合掌しても、その恩に報いることは届かない。なぜならば、親はもうこの世に存在しない。

生存の折に礼を言うことのできなかった我が身の愚かさを、折々に考えることがある。

壮年期の関わり

一 子どもの思春期の問題は発達段階と父母の共有の理解が必要。

一 夫の家族とのよい関わり方を先輩や友人や書物で学び、自身の心と体のバランスを心がける。

一 夫との関わり
男性の特性は細胞から女性と違うことを理解し、折々に笑顔と「ありがとう」の言葉がけの努力を。

一 妻との関わり
女性の特性は細胞からの違いと理解し、我が子を産み、自身を支える一番の理解者と、折々に優しい眼差しと「ありがとう」の言葉がけを。

一 親の介護
命を与え育ててくれた両親のこの世の旅路の最後に、周りの関係者と手を結び、知恵を出し合って親の喜ぶ介護ができますように。

第七章　高齢期

人生の知恵が増すころ

先日、テレビでの放映に、七十代を高齢者と呼ばないことにしたある県の発表があった。残念ながら県の名前は覚えていないのだが、良いことである。

いつまでも高齢者が元気でいられることのひとつに高齢者に対して老人意識を植え付けないことが大切であると考える。

社会の中の人々の意識がこの県のように、高齢者に対して、老人という枠を押し付けず、一般世代の感覚で接してもらえたら、もっと活躍のできる高齢者が多くなるはずである。人はこの世の生を終えるまで、その人の意識が健全である限り、自身のアイデンティティを持ち続け、他の人から認められたい、評価されたいとの思いを持ち続けているはずであるから。

老人とか、高齢者とかを年齢で定めず、現役社会の担い手として、社会を構成する一員として接する考えを若い世代が持つことを進めたい。

おじいさん、おばあさんではなく、「○○さん、これお願いします」と名前で呼ばれるとしたら、高齢者自身が社会の一員としての意識を保つことができ、自覚できると考える。

この年齢を迎えることになった今までの人生をひたむきに生きてきた証しを、胸を張って自覚することになるのではないか。

「高齢者」の呼び名で周りから呼ばれるようになった当初は、なかなか「おばあさん」という呼称を受け入れがたかったのが、いつか当たり前になってくる。そのように時が解決をする。

それとともに、今まで輝いていたものが自身の中から消えていくことに気づかされる。「私はもう歳を取ってしまった」

この自己否定的な考えが、自分の中に大きく取り込まれていき、何をするにもそこから始まる。

同年代の人たちとの交流を良しとするようになり、今までの社会の中で人々との交わりを避け始め、消極的な生き方を好むようになっていく。当然のことながら、同世代の人だけの交流から生まれてくるものは、お互いに共感し合い慰め合うということの安らぎの世界と言えよう。だが、それはとても危険な問題と隣合わせであることも承知しなくてはいけない。

自身の認知意識を保つためには、自立した意識を常に持つことが求められる、と言われるのだ。そのために、全身の神経回路をサビ付かせてはならない。

朝起きて寝るまでの一日の中で起きる物事に敏感に反応できる神経と、その事柄への自身の価値判断を失ってはいけない。その問題が、自身によって、まったく無関係なことであっても「私ならどうする」と、常に自分のこととして捉えて考える習慣を失わないことが、社会の一員として現役意識を保ち、認知能力を永らえる秘訣と言えよう。

人生の様々な山坂を上り、下り、立ち塞ぐ数々のハードルを乗り越えて、やっと辿り着いた今（インドの四住期《しじゅうき》の遊行期《ゆぎょうき》のたとえ。人生の責任と義務の束縛から解放され、自由と平安を勝ち取った年代）、越すに越されぬ「認知症」と名付けられた関所が現われ出す。

ブッダは「生きることとは、苦しみである」と伝える。

人生を振り返ったとき、まさしくこのブッダの言葉の如く、日々予期せぬ出来事の連続であり、立ち向かう日々であったことを鮮明に思い出す。

無我夢中とは、人の一生の生き方を指すのに、真にふさわしい。そこに滞ることを許さない時の流れが、前へ前へと背中を押す。それに従うことが、命を運ぶことになる。前とは、未知なる世界。その世界を手探りで歩くことになる。

高齢期を迎える現在も、これから先は何も見えていない。

ただ流されるままに生き続けることだけは分かる。重ねてきた今日までの記憶をもとに進むことであろう。

未来の人たちに伝えたい確かなことは、年齢を一人で重ねるよりも、共に手を繋ぎ進めることのできる人が大勢隣にいる人は、同じ道ながら進み易く、苦しみの少ない時間を生き続けられることができるということだ。


二〇一四年五月二九日に放映されたテレビ番組を見て考えさせられた。

「お友だち紹介所」を取材した番組で、二人の男性のお友だち付き合いの具体例であった。

最初の男性は二十代で、若い女性とキャッチボールを練習している場面であった。

「だいぶ上手にいくようになったね」と言葉を交わし合っていて、お友だち同士に見える。

しばらくボールを投げ合う場面から男性の言葉が流れた。

「ボクは小さいときから人見知りが強く、友だちを作ることができなかった。特に女性の前に出ると口がきけなくなって、年齢と共にますます自信を失くし、面倒臭さもあって、友だちのいない日々を送っているのだが、ネットでこの紹介所のことを知り、時々このようにキャッチボールの相手になってもらっている」最後に「キャッチボールをしていることによって、あまり会話の心配をしなくて済むので」

次に登場した六十代の男性は、数年前に妻を亡くし、九十一歳の母と共に過ごしているのだが、母は認知症が進み、日々の介護に、食事の世話やトイレの世話まで朝から一日中追われている。

クローズアップされた男性の顔。ポツポツと今の心境を吐露した。

「とても虚しい、淋しい、そんな日を送っている。誰ひとり話す人もいない。自分のことを知る人もいない」

その沈んだ顔と低い言葉に胸を打たれた。そこにあるのは孤独の苦しみと、やってもやっても誰からも認められない虚しさが伝わってくる。場面が変わって、活き活きと朝から母の世話をする男性の姿が映し出され、音声が流れた。

今日は月一回の「お友だち紹介所」の人と過ごす日であると。外出着を着た姿は立派である。待ち合わせ場所にはすでに紹介所の人が待っていた。若い女性であった。その日は女性の提案で「海を見に行く」という。

先日の元気のない男性とは大きく違い、活き活きとした雰囲気が全身に溢れていた。食事をしたり、舟に乗ったりの時間を過ごす。海に落ちる夕日を、沈みきるまで眺め続けている二人の姿を、カメラは撮り続けていた。とても印象的である。女性との約束の時間が来て、男性は帰路に着いた。

「今日の約束の時間は八時間です。支払いは〝三万八千何々円〟です」と音声が流れた。

　これについて男性は静かな声で次のように心境を述べていた。

「金額を考えると考え込みますが、月に一回お友だちと出会い、自分の考えを聞いてもらうことが、今の私には必要です」。なるほどと思った。生きるということは、このようなことなのだ。虚しさと淋しさの中の日々。ともすると落ち込む自身を冷静に見つめていることに感銘を受ける。母の介護と自身の〝生〟をどのようにバランスをとりながら時を過ごすのか。心のバランスをとらないと、〝生〟を生き切ることが難しいと感じ、必要手段としてお友だち紹介所を選んだ男性の決断に、勇気ある選択を感じたのである。最後に「今の自分のやりくりでは、月一回がやっとです」

　高齢者は〝孤独の期〟と名付けられるのかもしれない。

　胎児期、乳幼児期、児童期、思春期、青年期、壮年期それぞれの期を迎え、その期を終えて辿り着いたこの期こそ、家族の一人ひとりを送り出し、やっと自由を、やっと好き勝手な日々を送れると思ったのも束の間。身体の老いに立ち向かう仕組みであることを、この歳になってみて知ったのだった。

　もっと早くにこの仕組みへの心構えとか、どのような状態になっていくのかという知識を、具体的に知ることが重要であったと気づかされる。
親が子育てを学ぶことが大切なように、いずれは全ての人びとが関わる仕組みであるとすれば、早いうちから自身の高齢期への乗り越え方、通り抜け方を学ぶことが重要であろう。

体の高齢化は、今まで過ごしてきた体の器官が弱ってくることから始まる。
歯の退化、視力の退化、足の退化、それを補うために文明が開け、学問が進み、物品があることに気づかされる。

高齢者のための医療機関の手当てが発達するにつれ、毎日のように身体の不安を訴える高齢者がますます増えていると聞く。そのために、不安や訴えを専門に関わる心療内科が次々と開業した。

前述の「お友だち紹介所」のように、自身の不安を快く聞いてくれる場所もある。〝公〟の機関に出向き、自身の内なる問題の解決を求める代わりにお金を支払うことによって後に面倒を残さないという方法だ。

年齢と共に、自然消滅するのが人間であることを、全ての人たちは言い聞かされて育ってきたはずだ。いつかは必ず死ぬのだと。しかし、そのように思えるのだろうか？　今ここに生きている自身をそう思えるだろうか。大きなテーマである。

死とは突然に来ることだと言う。予想できないものであると言う。

そうだとしたら、生きていくしかない。現在まで生き抜いてきたキャリアを総動員して深く思考し、高齢期のハードルを越えることを模索することが重要と考える。高齢者問題を取り上げたテレビのコメンテーターの女性は、「私の老後は絶対に管理されたくない。そのためには最後まで自力で生きられるように日々努力します」と言っていた。

これこそ、高齢者全ての願いではないか。そのために「どうしたらいいのか」。これが大きな鍵である。

日蓮宗の開祖日蓮聖人は、「人は死ぬことを習って生きることを学びなさい」と伝えている。未来に必ず訪れ逃れられぬ最後の頂、死をどう迎えるかの心構えを学ぶことから始めよと教えられた。

習うということは、繰り返しの学びの中で自身の血肉にしていくことである。

「その時、どうする」。それへの自分の心のあり方を自問し、不安になったらまた繰り返す。いつかは必ず迎えることになる「死ぬ」という言葉を自身の想念の中に叩き込む。

自分だけが逃れることができるなどとゆめゆめ思ってはいけない。

「突然にある日、やって来るのだ」と言い聞かせる。

仏教の基本修行は〝歴劫修行〟と言う。繰り返しの行動が「いつしか全身に染みわたる」と説く。不安や恐怖を取り除くには、不安そのものを引き出し、光を当ててその実体を解明し認識することであると。

ともすると、恐ろしいことは考えたくない、話したくない、そんな思いに駆られ、その言葉が飛び出すと、その場から逃げて先送りする。そうして解決されていないものが、いつか自身の深層心理に沈んでいき、実体のない不安感が全身を包み、悩むようになる。早いうちに、一番の苦しみ、一番の恐れの実体を認識することによって、後々の日々が爽やかに明るく生きられる。

日蓮聖人は、このことを示された。


高齢期を迎えて、多数の女性たちが出会う人生の一大事は永年共に過ごした伴侶との別れである。寿命年齢の男女別のデータの発表によると、平均に五歳ほど男女の死亡年齢の差があるという。

なぜ男性の死亡年齢が五歳も早いのかとのことについて、色々と物議が取り沙汰されているのだが……。

一に社会生活のストレスと言われる。女性より多くの人との交わりの日々から生じてくるからであると言われる。

男女共同参画社会と言われても、圧倒的に男性が家族の生計を担って進んでいるのが現状の中で、職業病とも言われるストレスから逃れられないからである。

「男子家を出《いず》れば、七人の敵あり」と昔からの諺は正しく、敵とはストレスを指しているのであろう。

その解消として仕事帰りに一杯のお酒ということでバランスをとったと思われるが、一杯が一杯で終らずハシゴ酒に及ぶことが、身体に負担を及ぼし、女性より五歳早い寿命率ではないか。

このように、男性の平均寿命の短さによって、大方の女性たちは夫の病との関わり、夫の死との関わりに出会うことになる。

私の場合、夫が病に倒れた当初はさほど深刻とは受け止めず、いずれは近いうちに完治するものと軽く考えていた。「まさか、そんなはずがない」。永年の生活の中で常に一緒の人がそんなはずはないと強く不安を打ち消し、あちこちの病院を訪ねることになる。どこかで病名を名付けてもらうことができて、具体的な治療法が見付けられないかと、必死だった。それぞれの病院の答えはいつも同じ、「高齢のために起きている症状です」

しかし、状態は日を追うごとに悪く変化していく。それが認知症と判ったときの驚き。夢かと思った。「何で、そうなるの」。受け入れられなかった。毎日心が萎えていく。信じられない。この歳まで、人生の荒波を乗り越え、子どもたちを育て、それぞれの立場で努力を重ね生きてきた幾歳月の様子が走馬灯のように現われる。

日々に認知意識を失う姿を、感じる苦しみ、悲しさだった。

確かめ合い、分かり合い、争いもその価値観の差ゆえに徹底的に追及し、納得し合った日々。もうその感性も記憶もない。その姿をなかなか認められなかった。

四人の娘たちをとても愛して、関わっていた。その子のことも分からなくなっていく。認知症という病を恨んだ。「どうしてこんな病にかかったの」

そうして十年の患いの後、旅立った。唯一できたことは、娘たちと協力して最後まで在宅介護で見送ったことである。在宅医療の充実のおかげである。言葉では〝最後まで在宅を〟は聞こえのよい話だが、理想と現実世界の戦いであった。簡単に事は進まないことを改めて知った十年だったが、大勢の人に助けられて、通すことができた。

十年の月日は、しかし日々心の定まらない、せつない時間であった。

夜になるのが不安でたまらない。娘たちがそれぞれに帰り、関わってくれる人も夜はいない。夜中になると徘徊が始まる。外に出られないようにドアには夜の鍵をいくつかかける。その鍵を開けようとする音に、眠りかけていた意識がぱっと目覚める。本人に気づかれないように、足音を立てないように、様子をうかがう。

時折は数箇所の鍵が開いてしまう時がある。外に出ようとする夫を抱きしめ、必死に引き止める、あっという間に振り切られ、後ろにひっくり返ってしまう。ドアを出たら、どうすることもできない。街に出たら、どうすることもできない。あの恐ろしい思いがよみがえる。

どんなにがんばっても、とても無理と、途方に暮れるのだった。

日に日に体力と気力の衰えを感じた。そんな状況を主治医から、ヘルパーさんの導入を勧められて、やっと安心して眠れるようになった。しかし、眠っていながら、どんな物音にも反応した。

いつも同じ不安な思い。突然に容体が変わって、「もしや」と、しばらく気配をうかがう、やっと落ち着き、続きの眠りに入るのが、常であった。朝起きて夜寝るまで、意識の中に病床に伏す夫と二人連れの一喜一憂の生活を過ごした。

本来なら、幾山河を共に乗り越え、手を携えやっと辿り着いたこの期。責任と義務を終えた達成感を語り合い、喜び合うはずだったのに。

限りなく無念の思いが込み上げる。

「明日を論ずるなかれ」「明日のことは分からない」と言われる理由が、納得できた。このような思いを指していることを。

永い人生の道のりを、願いと夢を描き、あのようにも、このようにもしたいと。しかし、それは若き日の心と体のバランスがとれたエネルギーが持つ発想であったことを、あの時のみなぎる考えであったことを思い知った。そのとき描いた未来のその場所に辿り着いたら、思いもよらなかった事態が待っていた。

二人で語ったその場所に来ることは来たのだが、想像だにしなかった未来が待っていたのだった。

「どうして。そんなはずない」いくら叫んでも仕方のないことで、時間をかけて、現実を受け入れるしかない。

そして、また、分からない明日への願いと希望を託しながら、未来に向かうしかない。

命のある限り、願いと夢を持ち続けることが、自分の〝生〟を輝かせることなのだと言い聞かせながら、一歩一歩と歩き続ける。

未来のその所に行き着いたとき、また、描き続けたこととは全然違う現実に出会っても、今までと同じように、時間をかけて受け入れ、命のある限り、また、夢と願いを未来に持って歩く。

なぜならば、生きるということは、自分の考えが基になって関わる仕組みだからである。思うように運ばないこの世の中をより良く生きるためのバランスが「願いと夢」である。

病が来ようが、災難が来ようが、強い意志を持って、願いと夢を持ち続けて歩く。叶うことができなかった場合、願いは諦められ、夢は捨てられてしまうが、ここで踏ん張る。永年の夢を捨てた虚脱感を修復できて、心も体も元気を取り戻したら、また心を立て直して、新しい願いと夢を育てる。

以前の願いと夢の中身が違っても問題ではない。新たな願いや夢をもつことができたことこそが幸福なことと言えよう。

それを持たずに、思いがけない障害に立ち塞がれたとき、乗り越えることはとても困難だからである。乗り越えられても、その後の立ち直りに時間を要し、行き先が見えづらく、立ち往生する。

目的（願いと夢）を持っていた場合、どんなに打ちのめされ、絶望しても、必ず気力を持ち直し、また息を吹き返し、生き返る。

幾度も同じ繰り返しが人生であり、〝生〟である。としたら、命の終わるその瞬間まで、続け切ることしかない。

命を永らえることこそ、人類の究極の願いと言えよう。

命の輝きを死の最後の時まで、自立して迎えることができたら、最高の人生と言えよう。

前述した〝認知症〟は大きな障害であるのだが、そのような高齢期に現れる身体的な問題をカバーできて助けられるのは、心の役割と言えよう。

「心をいつも、どのように保つか」によって、身体は左右されると言っても過言ではない。

身体に対して、不安を感じだしたら、まず心を呼び出して、何故不安なのかと、問いかける。

例えば女性の場合、排便の折に出血を見た場合、その出血が便からか、他の場所からかを注意深く見守ることから進める。

その後の小用の折に、出血が無ければ〝痔〟だと判明できる。突然の出血は、誰もが驚き、不安になる。驚くことも不安になることも、心の状態としたら、その驚きや不安を解明し納得ができたとき、どこかへ消えてゆく。出血を見た場合、咄嗟に誰もが驚く。その時、落ち着いて現状を観察するための心の助けを借りることによって、自身の驚きの心に平穏が訪れる。

慌てふためいて心の備えのないまま、次の行動に進んだ場合、その物事がとかく大きく悪い方に広がる可能性を秘めている、と言えよう。

そのことを思い起こし、「大丈夫。大したことでない。なにかのはずみだ。落ち着いて」と何度も自身に言い聞かせる。不安を抑えつける。驚く心を静める。それによって次への進行が、必ず良い方向に進むエネルギーが起きてくる。

行動を起こすことの背後に、このような進行のエネルギーが発動することを心得ることはとても重要なことと考える。冷静な心の対処を、どの場所、どの場面においても進められるのは、この高齢期こそが「人生の有識者」「人生の証言者」だからである。

高齢期を迎えた人たちの今までの歩みで勝ち取ったキャリアと勇気を誇りたい。

高齢期の関わり

一　伴侶の発病を覚悟する。
一　生涯で最高の自由な年代。ここまで生きてきたご褒美。
一　会いたい人、行きたい所へ。
一　家族との出会いの時期を大切に。言い残すことを感謝とともに早めに伝える。
一　社会的な役割の次代へのバトンタッチを。
一　今までの体験を、求める人に伝える。

第八章　終末期

生老病死を極めるころ

二〇一四年八月十六日午前二時、今この項を書き始める。本書の「第一章　胎児期」を書き始めたとき、頭に浮かんだのがこの「終末期」のことだった。どのような終末期を書くことができるか、だった。乳幼児期、児童期と進んでも、やはりいつも頭から離れなかったのが、この「終末期」であった。

八月十五日朝、「第七章　高齢期」を書き終えた。ここまで来た、との思いと同時に、いよいよ「終末期」を執筆するのだと、気を引き締めた。

このまま、自分の一生が、ここで終るのではない。まだ元気と思いつつ、とても身が引き締まる厳粛な心が起きる。

思えば、永い人生を生きてきた……。あまりにも沢山の出来事を、くぐり抜けてここに辿り着いた。それが実感である。が、ここに至るまでの道々に、沢山の関わりを頂いた、数え切れない人々の全てに感謝を込めて、「有難うございます」と御礼を申し上げることから始めたい。

私のこの世に生きた証しの恩人は、誕生させてくれた両親から始まる。

両親がこの世を去った年齢よりも、長くこの世に生きている今の自分。父母のお陰である。丈夫な身体を与えてくれ育ててくれたその恩を考えることもなかった。自分の終末期に込み上げる両親へのこの思いは、今まで予想しなかったことだった。

今のこのような思いが、あの世の両親へ届いているだろうか。

切っても切れない命のバトンとは、このようなことだったのかと、思いを馳せながらペンを持っている。

そして、先立った夫（まだ見送って四年なのに、ずいぶん前に別れたように思うのは何故だろう。永い患いの床で、失語症となり、言葉を交わすことなく、そのまま旅立ったからであろうか）。

私のこの世の存在の証しの第一は、私の産んだ子どもたちに間違いないのである。

その子どもを産めたのは、夫が居たからであった。夫に出会ったからである。

出会いこそ、不思議としか言いようがない。なんで出会うことになって、結ばれて、子どもを、次の世に命のバトンを残すことになるのであろうか。世の中の仕組みを、一つひとつを取り上げて考えられるのも終末期だからか。

今までそこまで考えることはなかった。

結婚して始まった新たな両親との関わりの時間も、その後の人生の糧となって、生き抜くための智慧を教え導いてくれたのだった。

単に縁のみに始まっただけでない繋がりの深さに感謝の思いを馳せる。

結婚式の祝宴に述べられる決まり言葉に「ご両人は縁あって」とか「ご両家は縁あって」と、「縁」という言葉が多く使われる。この「縁」という言葉の始まりは、仏教の祖のブッダの教えの縁起観から出発と聞くのだが、考えれば考えるほど、縁こそ不思議なものと言わざるを得ない。

「袖振り合うも多生の縁」の諺が示すように、無数に織りなす出会いの中で、ご両人、ご両家が縁を結び、次世代を繋ぐ人をこの世に誕生させることになる、余程の深い縁が無かったら、結ばれないのかもと思う。

「縁」を別の言い方で表現するなら、エネルギーの一種ではないかと考えてみたりする。自分を核にして、自分の周りに交わる無数の人びとが、なにかの時、同じエネルギーを持つ人同士が引き合って繋がるのではないかと。そこにあるのは共鳴するもの、共感するもの同士が出会ったとき、両方の内在する〝力（エネルギー）〟が飛び出して結び合うことになると考える。

世界的に有名な女性、「ココ・シャネル」のことを紹介した文章に、次のような興味深い言葉があった。シャネルが何故素晴らしいかの証が交友関係であると。シャネルを取り巻く交友関係の「リスト」の紹介がされていた。なるほどすごい人たちとの交友リストである。そして次にこのような文章が添えられていた。

「その人を知りたいと思ったら、交友関係にある人物を知ることが近道である」

交わることの意味を考えてみたとき、その交わりの中に自身の意志があったからこそ、交友関係が成立することになる。

自身に意志がなければ、交わりは成立しない。共通する課題をその交わりに見るからこそ、求め、深められていくことになる。しかし、一方にその意志があってももう一方に意志がなかったら、成就しないという原則がある。とはいえ、片方に強い意志が有ったとき、その問題は乗り越えることができる。その強い意志とは、最後まで諦めないことである。先方に対して、徹底的に尊敬と信頼の態度を示し続けることにより、相手も心を揺り動かして成立出来たことが、多くの物語や伝記からうかがえる。

人は自身に持ち合わせないものを所有している人に、関心と憧憬を抱く。そして願いを持つ。

「あの人のようになりたい。あの人の知り合いになりたい」

強い思いのエネルギーが、交わりを成立させることになる。

「青年よ、大志を抱け」と言われるこの大志こそ、交友を作り上げていく原動力に他ならない。自身に強い願いや思いがなければ、きっかけは起きないからである。

実現不可能と諦めないことが、一番重要な鍵である。行動を起こす前に諦めてしまっては、悔いしか残らない。

努力を何度重ねても、もし実現できなかったとしても、自己の中に残された達成感の思いは、次なる働きのキャリアとして重要な力になることを、ぜひ体感することを勧めたい。どんなことも、自身に起きた夢や希望を最後まで諦めずに、達成に向かう心を保つことである。保つこととは、力尽きて、萎えた心を、時間をかけて癒して、また向かうこと。最初の出発点の「あの熱い、輝いた思い」にまで戻ることが重要だ。

実現の日まで、この繰り返しの行動こそ、目的を達成するための原則であることを知って頂きたい。

大切なことは自分を失わないこと。言い換えれば、自分の一番心地よい状態の「体と心」のままいることである。心が平和で、体がとても自由であること、である。

生存競争の日々の明け暮れに、気が付いたとき、体がカチカチに固まっている。心が萎んでいる。やる気がない。そんなときの自分の歪んだ顔を鏡で見たとき、「私は限界。もうここまで」と、ストップサイン。心が「戻りなさい」と言っている。どうしたらここから抜け出て、前の自分に戻るのかを必死に考える限界点。

このような、ストッパーとなる時を定めることができたのは、幾度も繰り返された、自分の「心と体」の過信から、生死をさまようような危険を体に与えたり、常に心が弱く、少しのことでも傷つき悩み苦しんだ、長い日々が有ったからである。

その弱い自分を克服し、生き続けることが出来たのは、私の産んだ四人の子どもたちへの愛と、宗教を持つことができたからである。この世に産み残した子どもへの義務と責任と愛しさが、私の弱い「心と体」を支え続けてくれて、子どもへの強い母性を引き出したのが宗教の教えからであった。

夫の母、義母は熱心な仏教信者であり、信仰するその仏教教団はブッダの根本仏教を基に法華経を伝えていて、草創期から熱心な信者でもあった。しかし、長男の嫁の私は信仰を受け入れることを拒んだ。

結婚後の間もないころ、我が家の屋上に、教団の連絡所の新築があり、落成式当日開祖先生へ、「長男の嫁だからご挨拶に出るように」と義母に言われても、かたくなに、「私は信者ではありませんので」と断り続け、「宗教は個人の自由」との一点張りだった。そのような私の心を打ち砕いたのは、四人の子ども一人ひとりの出生時の出来事であった。

長女の場合、妊娠の初期に突然に出血があって流産になるところを、緊急入院し、なんとか十カ月を維持して、出産を迎えられたのだが、その十カ月の日々の生活の不安と恐怖は筆舌に尽くしがたい。ちょっとした体調の変化にも「もしや流産では」と不安に脅える私を支えてくれたのが義母の言葉であった。

「大丈夫よ。ご先祖様に無事に生まれますようにとお祈りすれば、お経をあげると心が落ち着くわよ。守ってくださるよ」

日々に募る精神の不安定に苦しむようになっていた私は義母の言葉にすがる思いで、先祖に朝夕お胎の子の無事出産を祈り、手を合わせるようになっていった。

子どもは無事に予定日に生まれた。

勝手なもので、子どもが生まれると赤ちゃんに関わる日々に追われて、生まれるまですがったご先祖への祈りはパッタリと忘れていった。

商店の長男の嫁としての繁忙な日々に加わった新生児の育児との格闘に心の余裕は失われ、他のことを考えたり、思い浮かべることすらもない私になっていった。

次女の場合、予定の一カ月も早い、正月の終わりのころ、やっと一日の区切りをおさめて、コタツに足を入れてホッとしたとき、突然に下腹に異常な激痛が走った。

「エッー、なに?」と、内心驚いたが、長女が小さな手を差し出して握ってきたので、何気ない笑顔で握り返したのだったが、心は不安に戦いた。陣痛にしては、一カ月早過ぎる。しかし、長女のときに経験したあの陣痛の痛みのように思える。「まさか」と打ち消すが、痛みは時間を追って強くなってくる。

「これは普通でない。病院へ電話しよう。しかし、もう夜の十時近い。どうしよう」と、そんな思いが走るが、痛みは強くなる。

電話で様子を告げると、「陣痛かもしれない。早速来るように」とのこと。心の用意も何もない。出産準備用のカバンと夫の運転で病院に向かった。泣き叫ぶ長女に訳を話し、祖母と寝ることを約束させるのにも、気が焦る。「ママは少しの間病院に入っているので、その間はパパと一緒に過ごす」ことを度々伝えてはいたのだったが、突然の事態に、すっかり私の心は仰天してしまって、説明もやっとの始末である。

そして病院に着くなり、出産が始まり、一カ月早くの未熟児すれすれの次女を産んだのだった。何が起こるか分からない。予想だにしなかったことが起きた。

出産後、無事退院となり、次女を抱き我が家に戻ったのだったが、その後に次女のことで決定的に信仰を求めるようになる出来事が起きたのだった。

当時、退院後は家族が毎日、新生児の沐浴をした。義母がその役を受け持ってくれた。一月末日の誕生日であり、体重も少なめの次女の体調を考えて、部屋は暖房でしっかりと適温を保ち、万全にして、お湯を使う気遣いだった。

その日もいつものように、お湯を使うのだが、最初から泣き出し、だんだん激しく声を上げていくのだった。少し様子の違う泣き方である。胸騒ぎがしてきたとき、突然「スプーンとお水を持ってきて」と義母の声の異様さに、はじかれたように飛び上がり、台所へ取りに行きながら、大変なことになったと咄嗟に思い、血の気が引いた。「赤ちゃんを助けてください」と、必死に願った。

「早く、先生に電話して、往診をお願いして」

スプーンと水を手渡し、震える手で電話のダイヤルを回した。

「赤ちゃんの様子がおかしいです。先生にすぐおいで頂きたいのですが」

受付の人は私の話を聞くなり、一一九番に電話して「救急車を呼びましょう。先生は留守です」「エッー」。万事休す、頭が真っ白で考えられない。

その時、義母の声。「ご先祖様にお参りしなさい」。夢中で先祖を祀るご宝前にぬかずいた。「助けてください。赤ちゃんを助けてください」、必死に祈った。

ぬかずいて、祈り続ける私の背中に義母の声が飛んできた。

「今スプーンの水を一口飲んだから」

真っ白になっていた次女の顔は、ピンク色に変わっていた。次女の恐ろしい沐浴の出来事、それから後の育児にも恐怖を与える結果になって、咳き込んでは、心配でのぞきこんだり、静かだと、大丈夫かと、鼻に手をかざしたり、長女と次女を抱えた日々は、あれほど必死に祈り続けた、のに、また長くは続かなかった。

月日が流れ、三女の妊娠となったのだが、八カ月目に入った時、手前の丸太木に気づかず転ぶという、とんでもないことをしたのだった。

母子の命が助かったことが不思議という壮絶な出産を、病院の医療チームのお陰で無事に千六百グラムの三女を産んだのだった。

翌朝九時手術と、母体の命の限界が迫り、赤ちゃんを諦める、ぎりぎりの医学上の選択をすることになった、と医師の告知を受けて、まだ命ある我が子を母の私の為に命を絶つ恐ろしさに気づかされ絶望した。やっと私はお腹の中の子どもの命乞いの救いを求めて『訓訳妙法蓮華経』を初めて手に取り、誓ったのだ。「この子を助けられたら、これからの生涯は、〝法〟に捧げます」一睡もせず、繰り返し読み続けた。全身は汗と涙で全身がぐっしょり濡れている。

（拙著『東京新宿商家の子育て歳時記』「事故を乗り越えた奇跡の出産」より）

明け方奇跡が起きた。陣痛が始まったのだ。三女はこの世に無事誕生できたのだった。三女の出産により宗教を受け入れ、「法華経」を毎日読むようになった。法華経の偉大さまでは分からないものの、読み終わった後の自分の心が、なんとなく良いことをしたような、魂が清まったような思いになっていった。

そして、「第一章　胎児期」で詳しく述べたように、四女が生まれた。

「サァー。ママとご対面ですよ。可愛い女の子ですよ」と助産師が胸に抱かせてくれた。湯気の立つ我が子はなんと全身がピンク色で産毛が金色に輝いていたのだった。

この不思議な体験は、その後の親学の講演会や執筆活動に際して大きな支えになったとともに、折にふれてその原因は何故かを、求めたのだった。

胎児と母の絆が臍の緒を通して結び合い、不安のない胎児の胎内の成長を促し、細胞の働きからの結果であったと分かり、納得したのであった。

この大切なことを世の親たちに伝えたい、そんな思いから、親学会の発足に至ったのである。

今は、終末期をどのように表現するかであった。そして、その答えは、近い日に訪れるであろう「死」に臨んで、正直な心で表現することであるという結論に辿り着いたのだった。

二年前、「死は恐ろしい」というのが実感であった。

「どのような死に方をするのか」

身近に見送った肉親や夫、親族の臨終を思い浮かべては不安になっていた。そのことが二年の間、頭の中に横切ったが、今は不安は消えた。

どんな人びとにも必ず訪れる死に対して、もっと深く考えなくてはいけなかったことに気づかされたのであった。

「生まれたことは、避けて通れない死のあること」であった。このような大切なことに向き合わなかった自分の愚かさと逃げてきた自分の弱さを知った。

逃れられない真実から目をそむけて、おもしろおかしく生きた自分、そして余命いくばくもないのに、まだおもしろおかしさを夢見ている自分。私が八十一歳まで生きられたことは、なんと幸運だったのかと。私を産んだ母は五十四才で世を去った。父はなんとか、七十五才までだった。夫は七十六才。それなのに、八十一才まで生かされた自分を、まだまだ、と死にゆくことに逃げ回っている自分に気づいたのであった。

まだ、なんとかしようとしている自分。何かを夢見る自分。夢見ることは大切と、青年期に書いた。八十一才でも夢見てよいわけである。命ある限り、生きてゆく自分を大いに夢見るべきであり、命ある限り、希望は捨ててはいけないと、不安や恐怖と戦いながら、自分の死を覚悟し、受容できる心を育てながら、片やこれからの残り少ない生への夢と希望を保ち続けることが、人としての終末期であることとの思いに至ったのである。臨終の死者の顔はとても安らかで穏やかであると、多くの古今の言い伝えがある。そのことは、向かう世界が限りなく光り輝く世界であるからだという。

アカデミー賞外国語映画賞等を受賞した映画『おくりびと』の原作者、青木新門氏の新作『それからの納棺夫日記』に次のような文章がある。

「死者の顔を気にしながら毎日死者に接しているうちに、死者の顔がほとんど安らかな顔をしているのに気づいた。

特に息を引き取って間もなくの顔は、半眼の仏像とそっくりだと思った。中には柔和な顔に微光が漂っているようにさえ感じたこともあった」

青木氏の納棺夫として多くの納棺の時の体験を通しての誠実な関わりの著述に、深く感銘を受けたと共に、私の抱いていた死への恐怖が薄らいでいく思いだった。氏は述べている。

死への恐怖を取り去るには、死の臨床に立会い、死の実体を見ることである。

死への恐怖は、死を恐れる観念の世界の問題であると。故に、死とは何かを知ることが大切なことである。

死について、ここまで明らかに表現されたのは、死とは何かを見つめ続けた、青木新門氏であればこそ、である。大勢の死者を、心を込めて送られた現実が故に、死の実体をここまで明らかにすることができたと思われる。

自分の誕生については、意識は無い。自分の死については、意識を伴う。死の実体を学ぶことによって、死への恐怖は無くなっていくことを、青木新門氏によって教えられた。とても有り難いことである。

迫り来る自分の死への心構えを学び、備えつつ、残された日々を精一杯、心豊かに、自由に、自分好みに過ごすことを考えてみた。

どんな状態でも、自分の意識が保たれるその日まで、願いを込めて生き続けたい。

最後に、自身の終末に向かって常々から意識して〝そのこと〟を進め、見事に「プログラム」どおり、あの世に旅立ったあるデザイナー女史の紹介をさせて頂く。

戦後、日本のウィンタースポーツファッション界でいち早くダウンを買い付け、美しいデザインをしたダウンジャケットの売り込みに成功して富を成した女性である。北海道入りはすべてメーカーが用意した専用機だったという。当時の活躍の様子がうかがえる。

晩年は仏師として仏像制作の道を選び、自作の仏像を背負い、インド、ネパールの巡礼の一人旅を終えた（『大法輪』に掲載）。私は敦煌の知人の紹介で知り合い、女史が亡くなるまで沢山の人生観を教えられた。

「一生には三回の慶事」
（一）誕生（両親がお祝いしてくれる）
（二）結婚（両人でお祝いする）
（三）あの世の旅立ち（一生懸命にこの世を生きた証のお祝い）

「第一は両親が可愛い洋服を、第二は夫と二人で素晴らしいウェディングの洋服を。二つのお祝いの門出には、ふさわしい服装を選ぶのに、第三のあの世の門出は、なぜかみんな一緒の葬儀屋さんの白装束でしょう。残念に思うの。私は少なくてもデザイナーなの。精一杯美しく装って行くつもり」

「昨夜できたのよ。夜中だったけど体に当てて帽子をかぶり、鏡の前に立ったら、ちょっと変な気持ちになったの。アハハハハ！」

「私、仏師なの。お釈迦様のおそばに行くので、沐浴をして行きたいの。そのために必ず浴槽はいつも水を張ってあるのよ」

ある年の桜咲く夜明け、自身がデザインした美しい装いをし、しずかに浴槽に横たわり、あの世に旅立った。

終末期の関わり

一　「我が人生に悔いなし」への自己の心の確認を。

　1「父母との出会い」

　2「妻との出会い」

　3「夫との出会い」

　4「我が子との出会い」

一　全ての出会いは「縁」から。その縁は自己の意志が求めた。

一　今日まで生きてこられたのは周りの人々が私を支え、助けてくれたお陰さま。一人ひとりに心から感謝を込める。

一　光の国（あの世）の入国パスポート（一生懸命生きた各自の証《あかし》）を持って趣く心の覚悟を。

あとがき

『胎児のときから歩む一生』を最後までお読み下さいまして心より感謝申し上げます。

私たちはこの世に生まれて永い一生を生きていきますが生涯には必ず通り抜けなくてはならない場所があります。

「その場所」がどんな所かを認識し知恵を持って通り抜けることを願って本書を書かせて頂きました。私たちの心と体の幸福とは、意識と身体のバランスの心地よさを自己管理できることではないでしょうか。そのことを学ぶためにこの世に生まれてきたのかと思ったりします。

本書の出版にあたり沢山のご苦労をおかけしました幻冬舎様、石原正康様、矢口仁様、佐藤大祐様に深く御礼申し上げます。

最後に人間の本能としての願いを3つの言葉に集約してかきました。その3つの言葉をしっかりと受け止めて生きていただければ幸いです。皆さま本当にここまで読んでくださりありがとうございました。

益田晴代

私を愛して欲しい
私を認めて欲しい
私を信じて欲しい

心の願いより

〈著者紹介〉

益田 晴代（ますだ はるよ）

NPO親学会理事長、日本ペンクラブ会員、四女の母。

1976年「新宿明るい社会づくりの会」発足、大久保地区の推進委員現副会長。

1995年新宿区海外女性事情視察団に参加、デンマーク・韓国の教育の現状、女性の問題、福祉制度を視察する。

2004年「親学会」を設立。

著書に、『ブッダの母、摩耶夫人——愛で育む子育てのすすめ』（講談社）、『東京新宿商家の子育て歳時記』（講談社）、『聖地巡礼——ブッダの国、インドへ』（佼正出版社）、『華の母性——しなやかに子育て』（里文出版）、『幸福へのアプローチ』（共著、里文出版）、『親学のすすめ——胎児・乳幼児期の心の教育』『続・親学のすすめ——児童・思春期の心の教育』（共著、財団法人モラロジー研究所）がある。

幻冬舎ルネッサンス新書　166

胎児《たいじ》のときから歩《あゆ》む一生《いっしょう》

2018年11月７日　第１刷発行

著　者　　益田　晴代
発行人　　久保田貴幸

発行元　　株式会社 幻冬舎メディアコンサルティング
〒151-0051　東京都渋谷区千駄ヶ谷4-9-7
電話　03-5411-6440（編集）

発売元　　株式会社 幻冬舎
〒151-0051　東京都渋谷区千駄ヶ谷4-9-7
電話　03-5411-6222（営業）

ブックデザイン　田島照久
印刷・製本　　中央精版印刷株式会社

検印廃止

Printed in Japan
ISBN 978-4-344-91864-1　C0295
幻冬舎メディアコンサルティングHP
http://www.gentosha-mc.com/